New
Lewel

Computerspiele und
Literatur

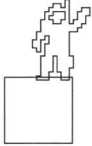

New
Lewel

Computerspiele und
Literatur

Shane Anderson

Ryad Assani-Razaki

Martin Baltscheit

Alessandro Cremonesi

Ulrike Draesner

Jan Drees

Gundolf S. Freyermuth

Assaf Gavron

Mario Giordano

Peter Glaser

Alban Nikolai Herbst

Christian Huberts

Wladimir Kaminer

Georg Klein

Carlos Labbé

Andri Snær Magnason

Céline Minard

Paul Murray

Aboud Saeed

Luca „Lagash" Saporiti

Christian Schiffer

Grit Schuster

Sebastian23

Saša Stanišić

Patrick Rau

Monika Rinck

Jaroslav Rudiš

Wilko de Vries

Hrsg.

Thomas Böhm

Walde+Graf

bei Metrolit

Shane Anderson

Deception Island

Meine Erinnerung an *Deception Island* ist kaum anders als die Insel selbst. Über der Antarktischen Halbinsel gelegen, ist sie eine kleine abgeschiedene Landmasse, die wie ein Kreis geformt ist. Das heißt: eine Null. Aber nicht völlig geschlossen. Durch einen engen Kanal gibt es Zugang zu einem sicheren Hafen, an dem norwegische Walfänger einst zwischen Gletschern und einem Vulkan lebten, wo sie sich von Zügelpinguinen und deren Eiern ernährten und Wasser aus den Flechten saugten, wenn die Vorräte knapp wurden. Wenn ich heute die Eisschichten wegkratze, die die Jahre zwischen mir und dem Spiel abgelagert haben, erscheinen Blau- und Grautöne, vernebelt und undeutlich. Aber es ist immer da. Dieses Gefühl. Wie eine Spinnwebe, die unbemerkt an meiner Wange haftet.

Das hat mit den Umständen zu tun, unter denen ich das Spiel kennenlernte. Meine Weisheitszähne waren gezogen worden, und der Zahnarzt hatte mir Demerol verschrieben. Ich war gerade zwölf Jahre alt, und das Medikament legte mich lahm. Es schuf eine zuckende Dumpfheit, warm und unwirklich, als ob ein Schwarm Quallen durch mein Nervensystem schwömme. Da ich mit meinen tamponierten Backen kaum essen oder trinken oder sprechen konnte, tat meine Mutter, was sie konnte, um mich mit allem, was mir sonst so gefiel, zu verwöhnen. Auf meine Bitte hin, die ich auf die Apothekenquittung kritzelte, holte sie meinen besten Freund Ioannis ab und besorgte einige Computerspiele aus der Videothek. Da wir damals nur wenig Geld hatten, musste auch die Konsole gemietet werden. Dieses Privileg, das eigentlich Geburtstagspartys oder den Nächten vorbehalten war, in denen meine Mutter nicht vor dem frühen Morgen zurückzukehren beabsichtigte, bestärkte meinen Verdacht, dass die Operation und der erlittene heftige Blutverlust eine ernste Sache darstellten und mehr als ungewöhnlich waren, obwohl meine Mutter beharrlich das Gegenteil behauptete.

Als Ioannis und meine Mutter mit der Konsole eintrafen, war ich wie von Sinnen, euphorisch und redete was weiß ich was daher. Es muss etwas leicht Beschämendes gewesen sein, denn ich spürte, wie meine Wangen rot wurden. Was auch immer es war, ich erinnere mich, wie Ioannis die Gesichtszüge entglitten, als er Blut aus meinem Mundwinkel rinnen sah. Meine Mutter wischte es weg und beschwichtigte Ioannis, dass ich dieses Wochenende wohl nicht ganz bei mir sei, er sich aber vor nichts zu fürchten brauche. Ioannis lachte nervös, fragte mich dann, wie es mir ginge. Ich murmelte irgendwas und zeigte dann auf den Nintendo. Meine Mutter meinte zu mir, ich müsse die Watte in meinem Mund wechseln, und sagte Ioannis, er möge sich doch von der Pizza auf dem Tisch nehmen. Sie führte mich ins Badezimmer und fragte nach meinem Schmerzlevel. Sieben, sagte ich. Sieben war meine Lieblingszahl. Das bedeutete, sie würde die orange Flasche öffnen und die Tablette nicht in zwei Hälften brechen. Sie würde sie mir zusammen mit einem Glas Wasser als ganze verabreichen. Es bedeutete zudem, dass sie keinen Arzt rufen würde. Ich hatte einmal den Fehler gemacht, neun zu sagen, und bekam danach vom Assistenten des Arztes einen Rüffel, weil ich zu viel Medikamente genommen hatte. Nachdem die frischen Wattekissen eingesetzt waren, gingen wir in die Küche zurück. Ioannis machte sich gierig über die Pizza her. Die nächste halbe Stunde sah ich ihm neidisch zu, während ich an einem einzigen Stück Käse hing, das ich noch nicht einmal ganz schaffte.

An diesem Wochenende mit viel zu wenig Schlaf schafften wir nur eine einzige Sache. Die ganze Zeit ließen wir uns von fantastischen, leeren Vergnügungen bespaßen und verließen das Wohnzimmer nur, um unseren Bedürfnissen nachzukommen. Das Zimmer war zu einer Art Krankenstation umgestaltet worden, denn ich mochte lieber in einem Bett – in diesem Fall die ausgezogene Couch – gesund werden, das nicht mein eigenes war. Zusammen sollten Ioannis und ich darin schlafen, aber stattdessen benutzten wir es als Schlachtfeld.

Meine Mutter ließ uns allein. Wir schoben eine Kassette ein, die sie für die Konsole ausgesucht hatte, obwohl wir wussten,

Shane
Anderson

*Deception
Island*

Aus dem
Englischen von
Dirk Höfer

dass das Spiel unter unserem Niveau war. Es basierte auf einer Zeichentrickserie, die wir beide ansahen, obwohl wir vorgaben, es nicht zu tun. Sie musste es ausgewählt haben, weil sie die Figuren wiedererkannt hatte. Das Spiel war für Vierjährige konzipiert, bald langweilten uns die einfachen Memory-Aufgaben und die Songs in 8-Bit-Qualität. Wir spielten ein Spiel nach dem anderen, aber so richtig Spaß machte das nicht. Meine Mutter kam herein und fragte, was sie noch für uns tun könne. Ich tat so, als litte ich Höllenqualen und meinte, wir bräuchten neue Spiele. Was ich sagte, blieb unverständlich, und Ioannis lachte über den Unsinn, der zwischen meinen Lippen hervorquoll. Ich schrieb auf ein Stück Papier, dass die Spiele unerträglich seien. Meine Mutter entschuldigte sich wie immer. Sie sagte: Das Leben ist ein Hornissennest. Sie hätte ja niemals auf den Rat des hinterhältigen Verkäufers gehört, hätte ich ihr nur gesagt, was ich wolle. Ich schrie, dass ich das sehr wohl getan, sie aber nicht zugehört habe. Kein Mensch konnte verstehen, was ich sagte, nicht einmal ich selbst. Eine komische Empfindung lenkte mich ab. Meine Haut fühlte sich heiß an, dumpf. Als ob die Sonne in mir drin sei. Herumwirbelte. Halbherzig bot meine Mutter an, mehr Spiele zu holen. Und bevor ich niederschreiben konnte, dass dies eine tolle Idee sei, hatte Ioannis schon gesagt, wir sollten erst noch *Deception Island* ausprobieren. Ich stimmte zu; versuchte die Irritation zu verbergen, dass er mir in den Rücken gefallen war. Meine Mutter fragte nach dem Schmerzlevel und ich hielt nochmals sieben Finger in die Höhe, sie sagte, ich müsste noch zwei Stunden, vielleicht mehr, warten. Das Zimmer schwankte.

Ich schob das Spiel in den Schlitz, ohne viel zu erwarten. Wenn ich mich recht erinnere, wurde die Eröffnungssequenz mit zuversichtlich gestimmter Musik untermalt. Aus der Vogelperspektive war zu sehen, wie ein Kreuzfahrtschiff, das für Whale

Watching ausgelegt war, durch Gletscher steuerte. Ich glaube, in einiger Entfernung tauchte ein Wal auf und zugleich brauste Applaus los. Dann verdunkelte sich der Himmel und eine bedrohliche Musik erklang. Die See wurde rau und man konnte hören, wie Menschen sich übergaben. Eine Figur, grün im Gesicht, füllte den Bildschirm. In ihren Pupillen spiegelte sich das aufgewühlte Wasser. Ioannis meinte, das sehe vielversprechend aus, aber mich erinnerte es an die von den Schmerzmitteln verursachte Übelkeit – es handelte sich nämlich um meinen ersten Ausflug in diese Welt des Abgleitens mit ihrem Versprechen auf Erlösung. Ich spuckte die Watte aus und befühlte die Stiche mit der Zunge.

Es gab eine Sturmsequenz. Plötzlich war eine Stimme zu vernehmen, vermutlich die des Kapitäns. Er wird wohl gesagt haben, dass man auf Deception Island anlegen müsse, aber ich kann mich nicht richtig daran erinnern. Ich bin jedoch sicher, dass er die Crew anwies, die Zodiac-Boote klarzumachen, denn dieses Wort hatte eine elektrisierende Aura für mich; es erinnerte mich an den Zodiac-Killer, jenen Serienmörder, den meine Mutter so fürchtete und dessen Identität bis heute nicht gelüftet ist. Ich erinnere mich, dass kurz darauf eine Aufnahme dieser kleinen, gelben Boote zu sehen war, während im Hintergrund der Vulkan seinen Missmut zeigte. Es war wie eine Warnung. Dann war zu sehen, wie das Schiff durch die Neptuns Blasebalg genannte Meerenge in den Port Foster steuerte. Wir schauten zu, wie das Boot sich vom Kratersee wegbewegte in Richtung Telefon Bay und Goddard Hill, alle Landmarken erschienen in gelben Aufschriften. Ich habe später zahllose Videos gesehen über die riesigen Walkessel auf der Insel, in denen das Öl aus dem Walfang gelagert wurde, und die Löcher, mit denen die Briten sie versahen aus Angst, die Nazis könnten sie als Brennstofftanks verwenden, und lernte so die bewegte Geschichte der Insel kennen, die auf Wissenschaft, Militär und Tourismus basierte.

Ein Schiffskamerad auf der Mattscheibe berichtete uns, der Vulkan sei wieder aktiv und das Wasser so heiß, dass es den Schiffsanstrich angreife. Doch der Kapitän beharrte auf dem Standpunkt, dass das Schiff anlegen müsse, da es nur auf dem

Shane
Anderson

Deception
Island

Aus dem
Englischen von
Dirk Höfer

trockenen Land Hoffnung gebe. Dann klang die Musik immer mehr wie die in Thrillern und ein Killerwal sprang unpassenderweise über den Bildschirm. Nach dem elektronisch erzeugten Aufklatschen des Wals waren nun Pinguine zu sehen, die an der Küste tanzten. Bis auf das Schiff war diese sonst leer. Der Schriftzug „Deception Island" erschien, aus dampfenden Eiszapfen gesetzt. „Start" blinkte auf. Ich drückte auf Enter und die Pinguine krächzten.

Ich fragte Ioannis, was er denn von dem Anfang halte, und er meinte: Mal schauen. Ich war über mein Interesse selbst erstaunt.

Nun wurden wir in Matrosen verwandelt. Anscheinend waren wir in der Zeit zurückgereist und nicht länger Touristen, sondern Arbeiter. Mit einem verpixelten roten Halstuch, einer blauen Jacke und weißen Kniehosen angetan, stellten wir einen kleinen Punkt in der weißen Unfassbarkeit der Antarktis dar. Die Kamera fuhr nahe an uns heran und zeigte, wie wir in Richtung der kleinen Bucht Pendulum Cove, dem Ziel unserer Reise, schauten. Der Kapitän, dessen Stimme nun rasselte, befahl uns, das Dingi-Beiboot klarzumachen und nach dorthin überzusetzen. Das Szenario flackerte kurz und wir befanden uns in dem kleinen Boot. Wir wurden angewiesen, die Beute des Tages abzuladen und sahen, dass zu unseren Füßen graue Gegenstände lagen. Weitere Anweisungen waren nicht nötig. Wir hoben die grauen Kleckse mit der B-Taste auf, sprangen aus dem Boot mit der A-Taste, gingen dann zu einer bestimmten blinkenden Stelle, und ließen mit der B-Taste das Grau wieder fallen. So machten wir weiter, bis es kein Grau mehr gab, blieben aber die ganze Zeit über argwöhnisch, denn es gab offenbar nichts, was uns hätte töten wollen. Dann begann in einiger Entfernung etwas zu glühen. Als wir uns dem Glühen näherten, wurde es mehr und mehr zu einem Edelstein, der in einer einfachen Holzbretterhütte am Fuß des schlafenden Vulkans verschwand. Wir gingen hinein. Drinnen, wir waren nicht mehr zu sehen, änderte sich die Musik und der Score wurde Buchstabe für Buchstabe auf den Bildschirm geschrieben. Er zählte die Anzahl der Robben auf, die wir abgeladen hatten sowie die Anzahl der Objekte. Dieses Mal waren es elf Robben und null Objekte. Ioannis fragte mich, was denn mit Objekten gemeint sei und ich sagte etwas Unverständliches.

Das war es im Prinzip. Du hebst etwas auf, du trägst es, du lädst es ab, und du gehst das nächste holen. Nichts ist einfacher. Weder die Sonne, die eine Birne küsst, noch eine ihr Kind liebende Mutter. Diese nämlich sind anfälliger für Intrigen, Schwierigkeiten. *Deception Island,* das war, wie wenn man ein Glas Wasser bekommt. Ein weiterer Tagesabschnitt, den man total vergessen kann; reines Verstreichen der Zeit, nichts, was mit dem Leben zu tun hätte. Ich kannte dies vom Spalten von Holz, das man dann für den Winter aufstapelt. In der Arbeit selbst, die eigentlich keinen Spaß macht, ist die künftige Wärme noch nicht enthalten. Ihre Beliebigkeit macht diese unkenntlich. Bei *Deception Island* gab es noch nicht einmal diesen Aspekt des Zukünftigen. Doch wir konnten einfach nicht glauben, dass das Spiel so simpel sein sollte, und erwarteten jede Minute irgendeine Wendung. Wir steigerten uns in den Glauben, dass gleich etwas Bedeutendes mit uns passieren würde. Etwas, das noch nicht von den Banalitäten des Erwachsenenlebens abgestumpft wäre. Tatsächlich ging das Spiel immer weiter. Bedenkenlos spielten wir also diese 8-Bit-Schlichtheit 30 Stunden lang durch – schliefen abwechselnd und logen, was Essen und Duschen anging, meine Mutter an, nur um nicht mit dem Spielen aufhören zu müssen. Und als dann die Wendung eintrat, entsprach sie nicht gerade dem, was wir erwartet hatten. Aber wir hatten sie durchaus verdient.

Die nächste Runde startete. Der Kapitän bellte irgendetwas wegen der Robben und wir mussten sie, wie zuvor auch, ausladen. Mit unserer zunehmenden Geschicklichkeit gelang uns dies rasch, wir entluden dreizehn Robben, aber kein einziges Objekt, obwohl wir beide die Augen offen hielten. Wir spielten fünf weitere

Runden, fuhren zum Schiff, holten Robben, luden die Robben
aus, ohne auch nur ein einziges Objekt erkennen zu können. Wir
bemerkten, dass der Score oben auf dem Bildschirm stieg. Warum,
blieb schleierhaft. Es gab weder eine Entsprechung zwischen der
Anzahl der Robben und dem Punktestand, noch dafür, wie lange
wir für die einzelnen Runden gebraucht hatten. Nicht jede Runde
hatte die gleiche Anzahl von Robben und der Gesamtscore wurde
auch nicht immer höher. Wir notierten die Anzahl der aufgesam-
melten Robben, konnten aber kein Muster entdecken. Damals
gab es noch kein Internet, und wir hatten uns auf unsere grundlegenden Algebrakenntnisse zu verlassen, die beschränkt waren.
Es war aufregend. Wir dachten, irgendetwas wird sich aus all dem
schon ergeben.

Wir spielten eine weitere Runde. Alles blieb sich gleich.
Ioannis schlug vor, nichts zu tun, um zu sehen, ob etwas passieren
würde; dann kam meine Mutter herein. Es war Zeit für Medikamente. Sie fragte mich nach dem Level. Ich spuckte die Watte aus,
bat Ioannis, auf Pause zu drücken, und sah meine Mutter an.
Sieben. Sieben, schrie ich, leicht gereizt. Mein Kopf hämmerte
nämlich. Und in diesem Pochen war die Absonderlichkeit der
Operation nur noch mehr zu spüren. Nachdem der Zahnarzt die
tierischen Zähne, die der Mensch nicht länger benötigt, entfernt
hatte, hatte er darunter noch einen ganzen Satz überzähliger Zähne entdeckt. Er nannte das Phänomen komplexes Odontom. Eine
ungeordnete Masse verknöcherter Substanz. Er entfernte auch
diese Zähne und fragte mich, ob ich sie behalten wolle. Vor lauter
Schmerz nahm ich das Angebot an. Jetzt trug ich sie an einem
Anhänger um meinen Hals. Sie rochen nach Minze und verrot-
tenden Blättern. Ich war blass geworden. Nach dem Wochenende
würden wir ins Krankenhaus gehen müssen. Vor lauter Aufregung
hatte ich nicht bemerkt, dass sich die Situation verschlimmert

hatte. Ich gab noch einmal sieben an, vielleicht fast acht. Dann schaute ich wieder auf den Bildschirm. Schwärze senkte sich von oben herab. Ich schrie und meine Mutter erschrak. In diesem Moment war alles verschwommen.

Der Bildschirm wurde schwarz. Seine Schwärze war nicht ein dunkler Farbton, sondern eine Annullierung, die den Bildschirm füllte. Ioannis drückte auf Start. Nichts. Die Musik war noch hörbar wie zuvor und deutete nicht darauf hin, dass sich etwas geändert hatte, aber wir waren nicht länger sichtbar. In diesem Leben gab es keine Pause. Auch nicht in irgendeinem anderen. Wir waren mit solchen Bugs groß geworden, waren diese Fehler aus anderen Spielen gewohnt, also schalteten wir das Gerät ab und nahmen die Kassette heraus. Wir pusteten sie durch, immer wieder, achteten darauf, nicht zu spucken. Wir schoben die Kassette wieder ein, starteten und gingen die Einführungskapitel durch. Wir spielten einige Runden, bevor wir argwöhnisch wurden. Mit dem Controller in der Hand ließ Ioannis die Zeit verstreichen, und wie zuvor wurde der Bildschirm dunkel. Es war kein Bug. Es war Teil des Spiels. Es war nicht unbedingt der Tod, aber so etwas Ähnliches. Eine allgemeine Unklarheit darüber, was man tun sollte und wo. Bewegung war möglich aber nutzlos. Wir hatten Zeit, so viel wir wollten, waren aber ohne unsere Tasks verloren. Meine Mutter brachte mir eine weitere Tablette, etwas womit ich sie herunterschlucken konnte und ein paar Wattetampons.

Ich schlug vor, neu zu starten. Ioannis meinte, das wäre Zeitverschwendung, wir sollten lieber herausfinden, was mit der Veränderung des Sounds einhergeht. Aber ich bestand darauf. Wieder waren wir am flackernden Anfang. Ich schlug vor, alle Daumenkombinationen auszuprobieren, die wir aus anderen Spielen und Systemen kannten. Wir versuchten es mit dem Konami-Code, dem Backboard Brake aus *Double Dribble,* mit einer Variante von 007-373-5963, die wir, neben anderen, auf unserem Joypad selbst kombinierten. Nichts geschah, nur bei bestimmten Kombinationen lachte der Kapitän oder sagte: Macht euch an die Arbeit. Was wir taten.

Shane
Anderson

Deception
Island

Aus dem
Englischen von
Dirk Höfer

Ohne das Spiel weiter herauszufordern, gingen wir in rascher Folge durch die Level. Wir transportierten die Robben und gingen zu der Holzbretterhütte nach Hause. Hoben Robben auf, luden sie ab, beendeten das Spiel. Warteten auf den Wiederanfang, warteten auf das Ergebnis. Drückten Enter, wann immer nötig. Jahre später dachte ich mitunter an Flughäfen an *Deception Island*. Überall dort, wo ein Protokoll streng zu befolgen war. Beim Spielen verglichen wir die Anzahl der Robben mit unserer alten Liste. Eine Übereinstimmung gab es nur gelegentlich. Das Spiel machte einen wahnsinnig, denn es schien bis in alle Ewigkeit immer so weiter zu gehen, unverändert. Immerzu blinkte der Anzeigenbereich, führte uns wie Idioten an der Nase herum. Wieder kam meine Mutter herein und ich schrie; sie bedeutete Unglück und ich wollte nicht, dass sie auf den Bildschirm blickt. Aber ich war wieder einmal durch meinen Mund voller Watte am Sprechen gehindert worden und musste feststellen, dass mir beim intensiven Starren auf die Strahlung, die aus der Fernsehröhre entwich, Speichel aus dem Mund geronnen war. Es war spät und meine Mutter meinte, wir sollten ins Bett gehen. Ich schrie, das wollten wir tun, sobald wir mit diesem Level durch seien. Denn zu diesem Zeitpunkt waren wir felsenfest davon überzeugt, dass alles Bisherige nur ein Teil der Mission gewesen sei. Es müsste doch einen Save Code geben. Einen Fortschritt. Irgendwie müsste es weitergehen. Ich wollte noch mehr Medikamente und meine Mutter sagte, dass ich schon mehr als meine Tagesdosis eingenommen hätte. Wenn ich nicht schlafen könne, solle ich sie wecken. Sie küsste mich auf die Stirn und Ioannis sagte, sie solle sich keine Sorgen machen. Sie erschien fast zweidimensional, aber das beunruhigte mich nicht, ich wollte nur, dass endlich etwas passierte.

Um vier Uhr morgens wurde es hell. Wir hatten ohne Unterlass mehr als acht Stunden lang gespielt. Ich sagte, ich wolle jetzt versuchen zu schlafen, die Löcher in meinem Mund machten mir zu schaffen. Ich verschob die Watte, leckte meine Wunden. Meine Zunge war mein eigener Skorpion. Der Schmerz war so erregend wie erschreckend in diesem Zustand der Dissoziation. Mein Körper war nicht mehr der meine. Ich schob die vollgesogenen Wattetampons wieder an ihren Platz und hoffte, der Schlaf würde mir Erleichterung verschaffen. Ioannis wollte weiterspielen. Ich nahm ihm das Versprechen ab, dass er mich wecken sollte, sobald sich etwas verändert. Ioannis weckte mich um etwa Viertel nach sechs. In der Eröffnungssequenz habe ein Geysir Dampf ausgespien. Er fragte, ob ich das schon einmal gesehen hätte. Nein, sagte ich. Auch er konnte sich nicht daran erinnern, dass ihm dies bei den stundenlangen Wiederholungen schon einmal unter die Augen gekommen war. Er betete, dass dies hoffentlich kein Bug war und wir nicht von vorne anfangen mussten. Schnell war ich wieder eingeschlafen.

Als ich Stunden später wieder aufwachte, berichtete er, dass es neben einem größeren Aufkommen von Robben, das auch die Zeitspanne zwischen den Einschwärzungen des Bildschirms veränderte, andere leichte Veränderungen gegeben habe, etwa beim Auf- und Abschwellen der Gezeiten und dem bedrohlichen Pinguingelächter. Außerdem habe er ein oder zwei Mal Mollusken gesehen und sich gefragt, ob dies nicht die Objekte seien, von denen immer wieder die Rede war. Ich fragte Ioannis, warum die Designer seiner Ansicht nach diese kleinen Füllelemente programmiert hätten, und versicherte ihm, es zeige nur an, dass das Spiel voranginge. Er war nicht überzeugt und fragte mich, wozu Robbenfleisch eigentlich gut sei. Die Leute essen es, sagte ich, aber es wird wohl eklig schmecken, denn sonst würde es in Restaurants serviert werden. Kein Mensch sonst sei auf der Insel, meinte Ioannis, und deshalb mache es auch keinen Sinn, dass wir für Nahrungsvorräte sorgten. Was soll das für einen Zweck haben, fragte er. Mir fiel mein Klassenreferat über die Inuit ein, die früher die Robbenfelle für die Herstellung von Kleidung und deren Tran als Lampenöl verwendeten und Robben auch verspeisten. Das ergebe keinen Sinn, meinte Ioannis, wo doch

Shane
Anderson

*Deception
Island*

Aus dem
Englischen von
Dirk Höfer

das Spiel im Heute angesiedelt sei, auf einer Walbeobachtungs-
tour. Aber ich erinnerte ihn daran, dass wir doch in der Zeit
zurückgereist seien. Das ergebe auch nicht mehr Sinn, sagte er,
da wir hier doch auf der anderen Seite der Welt seien. Er hatte
recht. Es war der falsche Pol. Ioannis nahm an, die Programmierer hätten diese Details nur eingebaut, um mehr Beklemmung zu
erzeugen. Spannung. Er habe bemerkt, dass mit jedem Mal, wenn
solche Einlagen auftauchten, er irgendetwas Besonderes erwartete,
es sei wie in Gesellschaft von Mädchen oder Frauen. Denn dann
würde er allem, was er tue, eine besondere Aufmerksamkeit
widmen, damit es auch wirklich optimal rüberkomme. Der Controller drohte ihm aus der schweißnassen Hand zu gleiten. Diese
Ablenkungen seien jedoch rein zufällig, denn sie würden auftreten, bevor man überhaupt eingreifen könne, das heißt, in der Zeit,
in der man darauf warte, dass das Boot anlegt. Das Level würde
dann weitergehen wie sonst auch.

Ioannis bat mich, ein bisschen weiterzuspielen, damit er
schlafen könne, und ich solle ihn wecken, wenn irgendetwas
Außergewöhnliches eintrete. Er bestand darauf, dass ich einfach
nur weiterspielen, nichts Besonderes tun solle. In seinen Worten
lag ein gewisser Verdruss. Besitzgier. Dies versuchte er durch
Distanziertheit zu überspielen. So fing es an, dass wir uns wie
Schiffbrüchige verhielten. Als seien wir zwei Matrosen, die mitten
im Südpazifik ihre Oliven rationierten, um den Tag hinauszuzö-
gern, an dem einer den anderen Freund aufessen würde. Dann
legte er der Maschine seine Hand auf und küsste sie, und mir
kam es vor, als riefe er irgendeine Gottheit an, sie solle keine
weiteren Bugs auftreten lassen. Zu meiner Überraschung schlief
er schnell ein. Später sollte er bekunden, dass er schlecht geschla-
fen habe und, weil er so schwitzte, alle halbe Stunde aufgewacht
sei. Ich erinnere mich, dass ich ihn im Schlaf beobachtet hatte

und so etwas wie Flügel aus seinem Körper hatte austreten sehen. Es mag die Lage der Kissen gewesen sein oder die zerknüllte Decke, da er sich im Bett hin und herwarf, aber ich erinnere mich auch, dass er vor sich hinmurmelte und verängstigt war. Und während er im Schlaf weiterredete, was noch alles zu Ende zu bringen sei, spielte ich Level um Level, nur um ihn zu hintergehen.

Zunächst hielt ich mich zurück. Nach ein paar eintönigen Runden aber versuchte ich eine Kombination. Etwas Einfaches, Simples. Nichts passierte. Dann probierte ich es in jeder neuen Runde mit anderen Kombinationen, um meinen spielenden Daumen das Wissen zu entlocken, das in ihnen steckte. Als ich in den schlichten Darstellungen der Küsten nach Labyrinthen suchte, schien ich tatsächlich etwas gefunden zu haben. Bei etlichen Gelegenheiten veränderte die Vegetation ihre Farben. Auf einmal begann mein Fuß anzuschwellen. Der Anhänger mit meinen Zähnen begann zu glühen. Ich wollte Ioannis wecken, wusste aber nicht, wie ihm klar machen, wie das alles passiert sein sollte. Die einzige Erklärung war ja, dass ich ihn betrogen hatte.

Ich erinnere mich, dass ich, als ich alleine spielte, dieses merkwürdige tierische Jucken verspürte. Das hatte ich schon mal bei anderen Schmerzmitteln. Manchmal befällt es die Unterarme oder die Fingerspitzen, aber dieses Mal war es die Nase. Es fühlte sich an, als ob Tausende Termiten mein Gesicht untertunnelten, als würde jedes Jucken einen weiteren Eingang freilegen.

Ich beendete das Level mit schweren Beinen, hatte mich viel langsamer als zuvor hindurch gequält, sodass eine fast totale Leere zu spüren war, und versuchte gerade eine andere Kombination, als meine Mutter hereinkam. Sie fragte, was ich da eigentlich mache. Ich sei aufgewacht, sagte ich, weil die Zähne wehtaten und so früh hätte ich niemanden wecken wollen. Dafür hatte sie durchaus Verständnis. Sie meinte, sie würde mir Haferschleim bringen und noch etwas Medizin. Sie ging und ich verkniff mir zu schreien. Denn ich hatte ganz vergessen, dass sie mit ihrer Freundlichkeit auch eine Waffe war.

Nun hatte ich das rote Halstuch nicht mehr an. Meine Brust lag bloß. Ich hatte Fußfesseln an den Knöcheln. War ich noch in der Zeit vor hundert Jahren, oder nochmal hundert Jahre früher? Ich weckte Ioannis auf. Er wollte wissen, was los sei. Ich versuchte freizukommen und schaffte es schließlich auch, aber dazu hatte es einer chaotischen Tastenfolge bedurft. Zu behalten, wie wir das bewerkstelligt hatten, war so gut wie unmöglich. Ioannis war begeistert aber auch verärgert, dass ich meine Vorgehensweise nicht aufmerksamer verfolgt hatte. Ich spielte das Level fertig wie zuvor und als die Anzahl der Robben aufgelistet wurde, übernahm Ioannis den Controller. Ich protestierte. Das war nicht fair. Das war doch meinetwegen passiert. Ich war es, der das Spiel vorangebracht hatte. Als er mich fragte, ob irgendein Unterschied bestanden hätte, hätte er weitergespielt, begrub ich mein Geheimnis und ließ ihn machen.

Beim Frühstück und noch weit in den Vormittag hinein spielten wir, als ob es keinen Konflikt gegeben hätte. Ich hielt mit der Wahrheit hinterm Berg, aber die Spannung zwischen uns war elektrisierend. Das Spiel lief wieder so wie zuvor. Die Eröffnungssequenz war genauso, wie wir sie in Erinnerung hatten. Aus schierer Langeweile überlegte ich, Ioannis das Geheimnis zu erzählen. Vielleicht handelte es sich um ein Spiel, bei dem man schummeln musste. Aber dann kam mir der Gedanke, dass meine Mutter mit dem Geheimnis zu tun haben könnte. Es könnte doch sein, dass diese Maschine aus Plastik auf Mütter, Nymphen, Krankenschwestern oder Fruchtbarkeitsgöttinnen reagierte. Dass sich nichts verändern würde, solange wir sie nicht mit einbeziehen würden. Und wenn dem so wäre, hätte ich mein Geheimnis umsonst preisgegeben. Ich hielt es für das Beste, meiner Mutter den Controller in die Hand zu drücken und abzuwarten, ob sie das Spiel gewinnen würde, aber als ich sie hereinrief und sie auf den leuchtenden Bildschirm schaute, blieb alles gleich. Es war purer Aberglaube.

Das Beste wäre, dachte ich, Ioannis gegenüber ehrlich zu sein, wenn meine Mutter dabei ist. Dann würde er mich nicht schlagen, falls er wütend wird. Ich sagte, ich hätte gemogelt und es mit dem Konami-Code versucht. Meine Mutter war der Meinung, ich würde mich auf den Zahnarzt beziehen, der ein Amerikaner japanischer Abstammung war. Sie ermahnte mich, ich solle lieber keine Medikamente stibitzen, aber Ioannis rettete mich und sagte, dass das mit dem Spiel zu tun hätte, das wir gerade spielten. Er lachte sie an, beendete die Runde und gab mir dann den Controller. Meine Mutter ging raus und sagte, Kinder seien irgendwas Unmögliches. Ioannis blickte mich wütend an. Ich erinnere mich, dass ich mich geschämt habe, da ich alles auf meine Mutter schob.

Zu diesem Zeitpunkt spuckte ich ziemlich regelmäßig Blut. Es war Samstag, spätnachmittags, und Hilfe würde ich nur bekommen, wenn wir ins Krankenhaus fahren würden. Aber dafür, das wusste ich, hatten wir nicht das Geld. Ich sagte es meiner Mutter, aber sie meinte, ich solle nur die Ruhe bewahren, und dass ich noch etwas mehr Watte auflegen solle. Dann sagte sie noch, dass der Arzt auch Eiswürfel verordnet hätte, die ich erst nach einigem Zögern lutschte, da ich Angst hatte, die eisige Unzugänglichkeit von *Deception Island* könnte auf meinen Körper übergehen. Als meine Mutter fort war, forderte Ioannis mich auf, es noch einmal zu versuchen, was ich tat, aber nichts passierte. Dann besann ich mich, vielleicht war es doch etwas anderes gewesen. Ich probierte allerlei Codes aus, bis einer funktionierte und wir wieder gefesselt waren. Ich bearbeitete das Joypad, bis meine Finger Hackfleisch waren; die letzte Robbenlieferung mussten wir in totaler Finsternis absolvieren. Dazu waren wir inzwischen selbst mit geschlossenen Augen imstande.

Der restliche Tag und der Abend liefen mehr oder minder gleich ab, bis auf die Tatsache, dass ich noch mehr Medikamente einnahm und zu halluzinieren begann. Planktonschwaden zogen durch den Raum, metallisch blau wie die Wellen, die ich in Mosquito Bay gesehen hatte, das eine Mal, als meine Mutter und ich eine kostspielige Reise nach Puerto Rico unternommen hatten.

Shane
Anderson

*Deception
Island*

Aus dem
Englischen von
Dirk Höfer

Ioannis bediente das Spiel weitgehend allein. Wir wollten an diesem Wochenende Spaß haben, konnten ihn aber nicht genießen. Eine Wahrheit des Jugendalters, die allzu leicht vergessen wird. Ioannis jammerte, dass seine Daumenblasen zu eitern anfingen und dass ich ihm nicht helfen würde. Dass ich zu nichts nütze sei. Ein Scharlatan. Ich bot an zu spielen, aber er meinte, das sei nicht nötig – ich sei ein Lügner und unfähig. Wenn ich tatsächlich so ein übler Typ sei, kanzelte ich ihn ab, solle er mit dem Jammern aufhören und für sich weiterspielen. Aber er hörte nicht. Also schlug ich vor, einfach mit dem Spielen aufzuhören. Das hielt er für einen noch größeren Verrat als zuvor. Er spielte weiter. Dann, eine halbe Stunde später, platzte seine Blase, weißes Zeug lief über den Controller.

Er gab mir den Controller, befahl mir weiterzuspielen und ging auf die Toilette. Ich war angewidert, aber fügte mich seinen Anweisungen. Der Controller funktionierte nicht mehr. Ich drückte B, um eine Robbe aufzuheben, aber ich sprang. Ich schaute auf den Controller in der Meinung, ich hätte die falsche Taste gedrückt, sah aber, dass mein Daumen die richtige Taste betätigte, um eine Robbe aufzuheben, nämlich B, die mit Eiter überzogen war, und versuchte gleichzeitig auf den Bildschirm zu schauen. Das war unmöglich, also hielt ich B gedrückt. Ich schaute zum Bildschirm und sah mich springen. Ich drückte A, eigentlich die Taste zum Springen, und ich ging zu Boden. Ich drückte sie wieder und wieder, und es zog mich auch weiterhin nach unten. Als Ioannis wieder reinkam, klärte ich ihn über die neue Situation auf. Er nahm den Controller, in der Annahme, ich hätte wieder geschummelt. Er ließ eine ganze Latte von Beschimpfungen über mich niedergehen. Als er merkte, dass ich die Wahrheit gesagt hatte, fragte er, ob ich nicht irgendwie anders gemogelt hätte, und ich sagte, nicht dass ich mich erinnern könne, nicht absichtlich. Er meinte, er könne mir nicht mehr vertrauen, und ich schwor das Heilige vom Himmel, um ihn bloß zu beschwichtigen. Währenddessen wurde der Bildschirm langsam schwarz. Bevor er völlig dunkel wurde, fanden wir über verschiedene Kombinationen heraus, wie wir eine Robbe aufheben konnten. In dieser Runde entsprach ABBA demnach B. Zum Springen waren sechs oder sieben Tasten nötig. Wir arbeiteten eifriger denn je und beendeten das Spiel mit dem letzten Balken – als die Einschwärzung fast vollständig war. Ohne etwas sehen zu können, wären all diese Kombinationen kaum auszuführen gewesen.

Jetzt blieben uns nur noch Fragen. Machten wir Fortschritte? Näherten wir uns dem Ende? Der Schmerz war schwerer zu verstehen als Algebra, aber ein ebenso großer Horror. Ioannis sagte, ich solle schlafen. Ich wollte noch etwas einwenden, war aber zu müde und wachte wieder auf, als es schon fast Morgen war. Ioannis war blass. Er schaute auf den Bildschirm und bewegte seine Lippen. Die Tastenkombinationen wechselten nun mit jeder Runde. Selbst die Bedienroutinen des Joypads waren ungewohnt. Manchmal bedeutete „nach oben" Springen und bei anderem musste man eine Handbewegung vollführen, die Ioannis nur leidlich beschreiben konnte. Es war so etwas wie ein nach oben gerichteter Fluch. Ich fragte ihn, ob ich spielen solle. Er meinte, ich würde nicht verstehen, wie kompliziert das Ganze sei. Alles würde sich so schnell ändern, und er wäre das Auf und Ab des Spiels nun gewohnt. Es sei wie Schwimmen in einem Fluss. Wenn man die schwierigen Stellen kenne, sei man egal bei welchem Wasserstand und welcher Strömung in der Lage, ohne Schaden davonzukommen. Aber ich glaube, eigentlich wollte er nur seinen Namen im High Score Ranking erscheinen sehen, denn meiner Meinung nach hatte noch keiner dieses Spiel gewonnen, zumindest nicht auf dieser Kopie. So würde er bei einer Sache an oberster Stelle stehen, die kein Mensch je zu Gesicht bekommen wird. Ich ließ ihn weiterspielen, aber versuchte so gut es ging, nicht wieder einzuschlafen.

Das gelang mir nicht. Ich wachte auf, als Ioannis mich schüttelte. Das Grau, das die Robben darstellte, hatte sich rosa

Shane
Anderson

Deception
Island

Aus dem
Englischen von
Dirk Höfer

eingefärbt. Wir hoben nun offenbar Robbenleiber auf, deren Haut abgezogen war. Ioannis fragte, ob ich darüber Bescheid wüsste, aber von meinem Referat her konnte ich mich nicht entsinnen, welche Farbe Robben unter der Haut hatten, doch Rosa hätte ich nicht gedacht. Wir bemerkten auch, dass das Boot kein hölzernes Dingi-Beiboot mehr war, sondern sich in ein Zodiac, ein gelbes Schlauchboot verwandelt hatte. Auch unsere Behausung war nicht länger die Hütte, sondern eine geodätische Kuppel. Merkwürdigerweise funktionierte der Controller wieder normal. Wir spielten zehn Runden, ohne dass sich die Bedienroutinen ein einziges Mal geändert hätten. Der einzige Unterschied beim Spielablauf: Es wurden keine Robben mehr gezählt. Objekte wurden aufgerechnet. Ich hatte keine Ahnung, was das bedeuten sollte. Ioannis bestand darauf, weiterzuspielen. Ich ging meine Mutter wecken, um noch mehr Medikamente einzunehmen, und sie hatte Sorge, dass ich abhängig werden könnte. Ich spuckte die Wattetampons aus und meinte, wenn es nicht so schlimm wäre, hätte ich sie erst gar nicht geweckt. Sie gab mir eine doppelte Ration und hieß mich eine davon für den frühen Morgen aufheben, falls ich sie dann noch benötigte; als ich ins Badezimmer ging, nahm ich beide auf einmal. Mein Appetit kehrte zurück, was vermuten ließ, dass ich eine Verträglichkeit entwickelte. Ich aß ein ganzes Glas Apfelmus in der Küche und spuckte zuckriges Blut in die Spüle. Ich kehrte ins Wohnzimmer zurück, wo Ioannis mich bat, weiterzuspielen, seine Blasen würden pochen. Ich sagte, es gebe Eis in der Küche. Als er zurückkam, kaute er auf einem Eiswürfel herum und hielt einen auf seinen Daumen. Eine starke Rivalität war nun zwischen uns zu spüren. Das Vertrauen war erschüttert. In unseren Augen waren Hass und Zerstörungswut zu sehen.

Zwei Runden später erschienen viele der Intro-Variationen, die mir zu erzählen Ioannis nicht der Mühe wert befunden hatte, zugleich auf dem Bildschirm. Er sah einen Wal auftauchen, eine Kolonie von Zügelpinguinen gurren und den Vulkan explodieren; unter anderem. Der Strand dampfte. Wir beendeten diese Runde wie gewöhnlich. 27 Objekte wurden gezählt. Daran erinnere ich mich, denn genauso viele Tabletten hatte ich seit der Operation eingenommen. Nachdem die Auflistung vorbei war, erschien anstelle der Einführung, die wir schon verinnerlicht hatten, eine andere Bildschirmansicht.

Das Spiel noch einmal aufzutreiben, ist mir später nie gelungen, deshalb kann ich nicht nachvollziehen, was damals geschehen ist. Aber kurz darauf sprach der Spielentwickler direkt zu uns. Der Bildschirm wurde total schwarz und eine Figur schritt ins Zentrum des Bildschirms. Es war ein Mann ohne Augen. Er beglückwünschte uns via Teletext. Er war alt und wie Gott in eine lange weiße Tunika gekleidet, das Übliche eben. Der Mann redete voller Kummer über seinen eigenen Tod. Aber noch mehr leid taten ihm all die Menschen, die bei den tödlichen Vorkommnissen auf *Deception Island* in den Zodiac-Booten gestorben waren. Der Mann sprach sein Mitgefühl aus, war aber auch enttäuscht. Irgendwie wusste er, dass wir nichts über das Unglück wussten, nichts über die Welt. Er schimpfte mit uns. Nur weil wir einen phosphoreszierenden Gegenstand finden wollten, hätten wir mehr Zeit mit dem Spiel vergeudet, als er gebraucht hatte, um das Spiel zu programmieren. Der Schluss zeigte den gesamten Mechanismus dessen, was wir erlebt hatten, und gab uns auch eine Idee davon, wie viel Geld er für die Erstellung erhalten hatte. Die Anzeige des Scores oben, so erfuhren wir, spiegelte seine Gehaltszahlungen wider. Hätte er so viele Stunden mit der Entwicklung des Spiels zugebracht wie wir mit dem Spielen, wäre die Bezahlung seiner Überstunden dieser astronomischen Summe gleichgekommen. Doch er habe, wie er sagte, entlang der Küste Kaliforniens größere Fische an der Angel. Ein Kreis mit einem Kreuz darin wurde nun sichtbar. Ein Fadenkreuz. Aus dem Spiel drang ein derart bösartiges Lachen, dass es sogar die Kassette aus dem Schlitz zu schleudern schien.

Shane
Anderson

*Deception
Island*

Aus dem
Englischen von
Dirk Höfer

GAME OVER.

Ich raufte mit Ioannis um den Controller, es ging ja darum, wer seinen Namen nun eingeben durfte. Er bestand auf Ioannis Theodor Teleates, aber ich wollte meine Initialen eintippen. Ich entriss ihm den Controller und hämmerte sie ein, doch da wir kämpften, gelang es mir nicht, sie richtig einzugeben, und anstatt S. D. A. erhielt ich die Abkürzung für Shane Anderson David. Beide mussten wir lachen. S.A.D. Wir kamen überein, nun schlafen zu gehen in dieser frühmorgendlichen Dämmerstunde, zu der noch nicht einmal die Vögel wach sind. Die Rivalität zwischen uns war passé und kehrte auch nicht wieder, bis wir in der Highschool waren.

Später wachte ich auf, weil Ioannis schrie.

Sein Daumen blutete.

Mein Mund schmeckte nach Haut. ▊

Inhalts-
verzeichnis ∎

Christian Huberts

Computerspiele lesen ■

Es wird jetzt ein wenig ungemütlich, aber bei der Idee, ein Computerspiel zu *lesen,* rolle ich üblicherweise mit den Augen. Für Vertreter der Game Studies – der interdisziplinären Beschäftigung mit digitalen Spielen – ist das ein frustrierendes Thema. Sich ernsthaft mit Computerspielen beschäftigen, das war in der Vergangenheit – und auch heute noch – nur legitim, wenn von vornherein der kulturelle Bezug zum Bekannten, zum Etablierten oder zum bereits Auratisierten deutlich gemacht wurde. Kein Diplomthema, kein Dissertationsexposé, kein Projektantrag und keine Forschungsfinanzierung ohne ein zähneknirschendes „und". Computerspiele *und* Film. Computerspiele *und* Theater. Computerspiele *und* Bildende Kunst. Computerspiele *und* Literatur. Als besäßen digitale Spiele – neben all ihren tatsächlichen kulturellen und medialen Bezügen – keine eigene Medialität und kein unabhängiges kulturelles Dasein. Man stelle sich für einen Moment lang vor, man könnte nur ernsthaft über Bücher sprechen, wenn man sie zunächst mit Computerspielen vergleicht und darüber spekuliert, wie sie wohl zu *spielen* sind. Mitnichten sind digitale Spiele im Mainstream der Hochkultur angekommen, vielmehr scheinen Enklaven des Literarischen, des Filmischen, des Theatralen und des Künstlerischen im Computerspiel von den etablierten Kulturformen annektiert worden zu sein. Denn gut ist, was nicht vollkommen fremd ist. Der unheimliche Rest bleibt Spielzeug, Kinderkram, Killerspiel, flüchtiger Trend, Zeitverschwendung oder wird im Museum of Modern Art als gutes Design neben Bauhaus-Möbeln und schicken Lampenschirmen ausgestellt. Wir gehen mit dem Rücken voran in Richtung Zukunft und betrachten sie nur durch den Rückspiegel, wie der kanadische Medientheoretiker Marshall McLuhan dieses Phänomen treffend umschrieben hat.

Advent

Trotz des immer wieder prophezeiten Endes der Gutenberg-Galaxis sind die Kulturtechnik des Lesens und die Schrift als kulturelles Interface nach wie vor absolut prägend für unsere Kultur. Selbst relativ junge Technologien wie Internetseiten, E-Mails oder E-Books sind eher elektronische Simulationen bekannter und etablierter Muster als ein konsequentes Umarmen der Möglichkeiten des Digitalen und Vernetzten. Besonders bei der Berührung von Computerspielen und Literatur wird deutlich, wie stark die schriftliche Alphabetisierung unser Nachdenken über aktuellere Kulturformen beeinflusst. Eine passende Anekdote betrifft dabei die Ankunft von *ADVENT* (1976), dem ersten sogenannten Text-Adventure. Der Informatiker und Freizeit-Höhlenforscher William Crowther entwickelte in den 1970ern Routing-Protokolle für das ARPAnet, einen direkten Vorläufer des World Wide Web. Das ist jene Technologie, die auch heute noch dafür sorgt, dass Katzenfotos möglichst schnell und effizient ihren Weg durch ein riesiges Netzwerk aus Computern bis zum heimischen Monitor finden. Aus Sehnsucht zu seinen Kindern – nach der Scheidung von seiner Frau Patricia – programmierte Crowther ein kleines Spiel, basierend auf den Problemen der Wegfindung im ARPAnet. Und da es für die wenigsten Menschen weder nachvollziehbar noch unterhaltsam ist, Netzwerkadressen einzutippen und so effizient durch die Knotenpunkte eines mathematischen Graphen bis zum Ziel zu navigieren, hat er schlicht die schriftliche Erzählung einer Höhle damit verknüpft. Aus Netzwerkadressen, Knotenpunkten und Links wurden Himmelsrichtungen, Räume und Gänge, angereichert mit Fantasy-Elementen aus dem Pen & Paper-Rollenspiel *Dungeons & Dragons*. Texte – so die Moral dieser Anekdote – sind im Text-Adventure lediglich eine Handreichung für die Spielenden, um überhaupt sinnvoll mit den Prozessen und Regelstrukturen von Computern umgehen zu können. Jede andere Erzählung – ein Märchenwald, eine Raumstation, ein Bürogebäude etc. – hätte für *ADVENT* denselben Zweck als *lesbare* Schnittstelle erfüllt. Bis heute hat sich diese Funktion von Text für Computerspiele kaum geändert. Dennoch wird nach wie vor der Literatur *in* Spielen

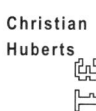
weitaus mehr Bedeutung zugemessen als den Spielen selbst –
zumindest im öffentlichen Diskurs.

Verlesen

Man kann audiovisuelle und narrative Interfaces *lesen,* aber das
Spiel muss man *spielen.* Sowohl Kritik als auch Lob an Computerspielen erweisen sich so nicht selten als Missverständnisse einer
nur oberflächlichen Leseweise. Die zum Glück überholte Debatte
um sogenannte Killerspiele konnte überhaupt erst entstehen,
weil die kritische Lektüre von digitalen Spielen wie *Counter-Strike*
(2000) ausschließlich auf Ebene der Zeichen und Symbole von
Gewalt – Terrorismus, Blut und Schusswaffen – stattfand. Der
Diskurs kreiste um brutale Bilder und Erzählungen, nicht aber um
die im Kern neutrale und wettbewerbsorientierte Spielmechanik.
Ähnlich sieht es bei der Verleihung des Deutschen Computerspiel-
preises aus, die auf Antrag des Bundestages seit 2009 jährlich
stattfindet. Dort werden wiederholt digitale Spiele mit dem Haupt-
preis ausgezeichnet, die in direkter Tradition zu *ADVENT* stehen.
Die Preisträger *A New Beginning* (2010), *Chaos auf Deponia* (2012)
und *The Inner World* (2013) sind klassische Adventures, in denen
die Spielenden nach wie vor mit Hilfe einer orientierenden Erzählung durch ein Netzwerk aus Entscheidungspfaden bis zum
Zielpunkt navigieren. Natürlich haben alle diese Spiele ihre Aus-
zeichnung verdient, sind herausragende technologische Artefakte
und präsentieren mehr oder weniger gelungene Geschichten. Es
ist aber dennoch bemerkenswert, dass in einer Literaturnation so
häufig Computerspiele mit dem größten öffentlichen Lob bedacht
werden, die sich ganz offensichtlich an gewohnte Kulturtechniken
und Rezeptionsmodi anlehnen und so für die Öffentlichkeit leicht
zu verdauen bleiben. Ganz anders sah es da beispielsweise aus, als
im Jahre 2012 mit *Crysis 2* (2011) ein lupenreiner First-Person-

beziehungsweise Ego-Shooter zum besten deutschen Computerspiel erklärt wurde. Da sich der Spielverlauf von Kritikern der
Preisvergabe oberflächlich nur als martialischer Gewaltexzess
lesen ließ, war ein Eklat vorprogrammiert. Liegt der Schwerpunkt
nicht mehr auf dem gemächlichen Genuss einer Erzählung, sondern auf ästhetischem Taumel und dem affektiven Ausführen von
(Tötungs-)Handlungen, zeigen sich Vertreter von Politik, Bildung
und Hochkultur plötzlich wenig kulturoptimistisch.

Second-Person-Shooter

Das satirische Online-Nachrichtenmagazin *The Onion* sorgte zur
Veröffentlichung von *Wolfenstein: The New Order* (2014) – einem
Nachfolger des berüchtigten *Wolfenstein 3D* (1992) – für amüsier-
tes Schmunzeln unter den Spielenden. Eine Meldung behauptete,
das Spiel ließe sich nun auch im ebenso revolutionären wie fik-
tiven „Second-Person-Shooter Mode" spielen und lieferte auch
gleich das passende Beweisvideo. Statt sich in der Ego-Ansicht
gnadenlos durch Horden von Nazi-Schergen zu ballern, sah man
nun lediglich einen älteren Herren mit weißem Bart im gemütli-
chen Schaukelstuhl sitzen, der die Handlung von *Wolfenstein* –
vom einzelnen Tastendruck über dramatische Schusswechsel bis
hin zur Beschreibung der Umgebung – detailliert nacherzählt.
Die Spielenden bleiben dabei absolut passiv. Das ist witzig, weil
es so absurd ist, die Möglichkeit des eigenen Eingreifens für eine
bloße Nacherzählung aufgeben. Mir bleibt das Lachen jedoch
im Halse stecken, denn diese Passivität gegenüber digitalen Spielen ist im öffentlichen Diskurs kein Witz, sondern gehört wohl
zu den verbreitetsten und gleichzeitig gefährlichsten kritischen
Haltungen. Die Überzeugung, es würde ausreichen, sich Computerspiele *erzählen* zu lassen, um ein vollständiges Verständnis
von ihnen zu entwickeln, ist direkte Folge einer zu kurz gefassten
Idee davon, digitale Spiele *lesen* zu können. Die Ausreden zum
Schutz des intellektuellen Egos sind dabei zahl- und trickreich.
Niemand begibt sich gerne auf ein Spielfeld, auf dem das jahrzehntelang eingeübte Wissen und die konditionierten Kulturtechniken beinahe nutzlos sind. Die eigene Unzulänglichkeit im

Umgang mit Computerspielen wird dabei allzu schnell auf das Medium zurückprojiziert. Wer Tausende Bücher bezwingen konnte, aber nicht ein einziges digitales Spiel, darf die Verantwortung bequem abwälzen. Das vermeintlich triviale Spielzeug muss schuld sein! Und schließlich muss man ja auch nicht jeden Scheiß selbst ausprobieren, um sich eine Meinung zu bilden, oder? Aber während ein Roman oft sogar dadurch gewinnt, dass er vorgelesen wird, verliert ein Computerspiel so nahezu den ganzen Kern seines Daseins. Der Glaube, Computerspiele lesen zu können *wie ein Buch* oder anschauen zu können *wie einen Film,* ist das gröbste Missverständnis, dem man bei diesem Medium erliegen kann.

Lesen lernen

Falls die ersten Leser jetzt ebenfalls schon entnervt die Augen rollen – keine Sorge, es wird versöhnlicher. Aber es ist nötig, ein paar Illusionen zu zerstören, bevor es darum gehen kann, das Lesen als Zugang zu Computerspielen zu rehabilitieren. Zunächst muss man sich klar machen, dass auch die Lektüre von Literatur gelernt werden musste. Dass uns anfangs vorgelesen wurde, war nur der allererste Schritt. Bis zu einer soliden Kompetenz im Verständnis selbst schwierigster Texte, musste in der Regel eine langjährige Folge von aktiven Versuchen und Fehlschlägen erduldet werden. Von anderen Sprachen, Schriftsystemen, der Vielfalt der Textgenres und -formen sowie diversen literarischen Experimenten möchte ich gar nicht erst anfangen. Lesen lernen war verdammt hart und zeitaufwendig, nur vergessen wir das gerne. Was für ein Größenwahn also, Computerspiele *einfach mal so* lesen zu wollen. Auch digitale Spiele erfordern einen Lernprozess und der ist ebenso steinig. Computerspiele anzuschauen, sie sich zeigen zu lassen, kann wie beim Lernen von Schrift nur ein erster

Schritt sein. Die eigentliche Herausforderung ist die Alphabetisierung mit den Regelstrukturen und Prozessen des Computerspiels durch eigene aktive Praxis. Der Gamedesigner und Spieleforscher Eric Zimmerman nennt die dadurch erworbene Kompetenz „Gaming Literacy". Solch ein tiefes Verständnis von spielerischen Systemen und dem Design von Spielen hält er für die wichtigste Kulturtechnik des 21. Jahrhunderts. Schließlich sind Computerspiele nur ein Vorreiter der tiefgreifenden gesellschaftlichen Umwälzung durch algorithmische Prozesse und der Logik des Digitalen, die sich in den etlichen Diskursen um Google, Privatsphäre, Überwachung, Big Data und Gamification deutlich zeigt. Vor digitalen Spielen zu kapitulieren heißt also langfristig auch vor aktuellen Entwicklungen der Gesellschaft zu kapitulieren.

Allegorithmen

Wer Hunderte Romane gelesen hat, wird typische Muster erkennen. Charakterzeichnungen, die sich gleichen, erzählerische Tropen, die immer wieder aufgegriffen werden, Handlungsdramaturgien, die sich bewährt haben. Das Hundertste Buch muss so vielleicht gar nicht mehr vollständig gelesen werden, um sich ein grundlegendes Bild davon machen zu können. Die Basis für jede kritische Bewertung ist ausgiebige Erfahrung mit dem Gegenstand. Bei Computerspielen verhält es sich genauso. Es gibt spielerische Muster, die sich wiederholen, die jedoch erst nach ausführlicher Praxis als solche wahrnehmbar werden. Und erst in der stetigen Wiederholung wird der feine Unterschied deutlich zwischen mittelmäßigen Spielen, die sich mit kulturellen Bezügen den Anschein des Besonderen geben, und Spielen, die tatsächlich aus der generischen Masse herausstechen. Es ist der entscheidende Unterschied zwischen Computerspielen, die aus ihrer eleganten Spielmechanik Bedeutung oder Schönheit gewinnen, und solchen, die sich mehr oder weniger willkürlich mit austauschbaren Inhalten schmücken, ohne dabei spielerisch überzeugen zu können. So muss man zum Beispiel zwischen den Zügen im Schach keine dramatischen Schlachtverläufe aus der *Ilias* rezitieren, denn das Spielsystem ist bereits selbst eine wirksame Allegorie auf Krieg –

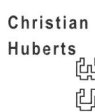
mit Angriffen, Rückzügen, Finten und Bauernopfern. Der Kultur-
wissenschaftler Alexander R. Galloway nennt diese Bedeutungs-
ebene digitaler Spiele den „Allegorithmus". In eine ähnliche Kerbe
schlägt der Medienwissenschaftler Ian Bogost mit dem Begriff
der „procedural rhetoric" – das Treffen überzeugender Aussagen
durch computerisierte Prozesse. Hier liegt wohl der deutlichste
Unterschied zum Lesen von Literatur. Das Computerspiel wird
nicht durch ein lineares Abscannen von sinnvollen Zeichenkom-
binationen gelesen, sondern durch das sinnvolle Teilnehmen an
und Handeln in einem Regelsystem, das durch seine in Bewegung
gesetzten Algorithmen flüchtige Bedeutung generiert. Bloße Nacherzählungen digitaler Spiele zwängen diese dynamischen Aussagen wiederum in einen linearen und statischen Zusammenhang,
der nicht repräsentativ für das Computerspiel ist. Der Allegorithmus wird zur Allegorie verkürzt. Prozedurale Rhetorik wird bloße
Rhetorik. Das Spiel wird Buch, Bild oder Film.

Atmosphären

Der Fokus von Computerspielen auf allegorithmische Prozesse
bedeutet jedoch nicht, dass regelhafte Komplexität gleichzusetzen
ist mit Qualität. Vielmehr kommt es im Gamedesign – ebenso wie
beim Schreiben von Literatur – darauf an, das passendste Stilmit-
tel zu finden, um den angestrebten ästhetischen Effekt oder die
gewünschte Aussage zu transportieren. Das bedeutet für ein Spiel
wie dem Raumfahrt-Sandkasten *Kerbal Space Program* (2011),
dass eine hochkomplexe Simulation von physikalischen Kräften
notwendig ist, um den Spielenden den erwarteten Realismus zu
bieten. Ein Spiel wie *Gone Home* (2013) kann jedoch weitgehend
auf komplexe Regelmechanik verzichten und konzentriert sich
auf das Erzählen einer räumlichen Geschichte. So lernen wir in
dem Spiel die US-amerikanische Familie Greenbriar nicht durch

literarische Beschreibungen kennen, sondern wir durchstöbern die Architektur des Familiensitzes nach Lebenszeichen der Bewohner. Aus Fotos an den Wänden, Rechnungen im Papierkorb und Geheimverstecken auf dem Dachboden setzt sich so langsam eine räumliche Erzählung über Drogenmissbrauch, Ehekrisen und erwachende Sexualität zusammen. Der Kulturwissenschaftler Henry Jenkins nennt diese Form des Geschichtenerzählens „Spatial Storytelling". Ganz egal ob *Dear Esther* (2012), *Journey* (2012) oder *Proteus* (2013), immer mehr digitale Spiele legen ihren Schwerpunkt auf das Design starker Atmosphären und dichter Raumerzählungen. Computerspiele sind geradezu prädestiniert dafür, auf diese Weise Bedeutung und Stimmung zu transportieren und es zeigt sich ein deutlicher Trend zum Verzicht auf übliche Spielmuster – wie etwa Logik-Rätsel, Zielen und Schießen oder das Sammeln und Optimieren von Ressourcen. Für die Lektüre von Computerspielen bedeutet das, dass wir neben ihrer Regelmechanik ebenfalls Räume, Gebäude und Landschaften lesen sowie ihre Atmosphären spüren lernen müssen, ganz so wie es der Philosoph Gaston Bachelard in seiner *Poetik des Raumes* anhand von Literatur vormacht. Das Haus der Familie Greenbriar aus *Gone Home* ist ein „Haus der Erinnerung", das die Spielenden von den verdrängten Traumata im Keller bis zu den Träumen auf dem Dachspeicher *durchlesen*.

Die Romane des 21. Jahrhunderts?
Wenn man Computerspiele unbedingt mit früheren Kulturformen vergleichen muss, dann also weniger mit Literatur und mehr mit Konzeptkunst, Performance, Musik oder Architektur. Es geht in digitalen Spielen um Notationen und Aufführungen, Rhythmen und Rückkopplungen, Akustik und Atmosphäre. Man *liest* sie wie einen Tanz, wie eine Geisterbahn, wie ein Echo oder eine Stimmungslage. Und die *Lektüre* ist immer zugleich Ko-Lektüre, ein wechsel- und gegenseitiges *Auslesen* von Spielenden und Spiel. Das heißt nicht, dass digitale Spiele nichts mit Romanen gemeinsam haben, sondern nur, dass Literatur lediglich ein mögliches Element unter vielen anderen ist. Es gibt Computerspiele, die

genial mit Literarizität arbeiten, so wie etwa das schwedische Mobile Game *Device 6* (2013), das seine Texte in begehbare Landkarten verwandelt. Aber die Romane des 21. Jahrhunderts sind Computerspiele vor allem in ihrer potenziellen Bedeutung für unsere Kultur. Sie entwickeln sich zu einem zentralen Medium für Unterhaltung, Vermittlung, Aufklärung und Austausch. Wer jedoch glaubt, mit der neu gewonnenen Lesekompetenz für digitale Spiele auf ein Wunderland herausragender Kulturgüter zu stoßen, wird enttäuscht sein. Bei aller angebrachter Euphorie haben Computerspiele noch einen langen Weg vor sich und erweisen sich vergleichsweise selten als relevant. Die Alphabetisierung mit ihnen macht vor allem deutlich, wie wenig sich seit ihren Anfängen in den 1970ern eigentlich verändert hat und wie ermüdend regelmäßig bewährte Spielkonzepte iteriert werden. Experimente sind auf dem Vormarsch, aber der Kern der Computerspielkultur ist noch geprägt von beinhartem Konservatismus. Industrie und Kundschaft bilden einen exklusiven, weißen, männlichen und hedonistischen Klub, der alles abseits von Machtfantasien, Heteronormativität und Pop zuweilen aggressiv abwatscht. Hier schweift der Blick neidisch zur Literatur, die in ihrer langen Geschichte zwar auch nicht vor Erstarrungen und internen Krisen gefeit war, aber doch eine solide Praxis der Progression und Ausdifferenzierung entwickelt hat. Auch wenn Computerspiele also keine Literatur sind, ist der literarische Blick auf Computerspiele wichtig. Der Betriebsblindheit lässt sich am besten mit einem unbefangenen Blick von außen begegnen. Umso besser, wenn dieser Blick Computerspiele ohne Misskonzeptionen *lesen* kann. Wenn digitale Spiele nicht mehr zum Roman gemacht werden, sondern Romane in ihrer Umsetzbarkeit als Spiel befragt werden, entsteht eine reiche Quelle an neuen spielerischen Ansätzen. Es wird höchste Zeit, dass wir mehr Computerspiele lesen können, die noch nicht spielbar sind! ∎

Wladimir Kaminer

Je doller dosto jewski

Das Vorspiel

Ein junger Mann sitzt Zuhause vor dem Fernseher und langweilt sich. Er heißt Herr Spalter. Trotz seiner 18 Semester an der Uni, seinem Magister in Volkswirtschaft und Osteuropastudien kann er keinen vernünftigen Job finden. Wozu hat er studiert? Er lebt davon, dass er am Wochenende auf dem Flohmarkt Souvenirs verkauft, gefälschte Mauersteine, angeblich von der Berliner Mauer, deren Segmente vor einem Vierteljahrhundert im Zuge der deutschen Wiedervereinigung in alle Winde verstreut wurden. Jedes Wochenende wird der Flohmarkt von Touristen überschwemmt, vor allem Südeuropäer scheinen Geld zu haben, das sie ohne Bedenken für so etwas Unnützes wie gefälschte Mauersteine ausgeben, während der Verkäufer sich nicht einmal einen neuen Anzug leisten kann. Der junge Mann sucht nach Schuldigen für seine Misere, im Fernsehen wird jeden Tag von der Finanzkrise geredet, von verschuldeten Südeuropäern, die Armut leiden, von der geheimnisvollen unsichtbaren Hand des Marktes, die angeblich alles regelt. Herr Spalter würde gern die unsichtbare Hand des Marktes abhacken, die seine Zukunft in eine fremde Tasche gesteckt zu haben scheint, doch diese Hand ist nur ein Phantom, ein konturloses Feindbild.

 Das reale Böse hält sich versteckt. Das Fernsehen erzählt, man solle keine allzu große Hoffnung auf Staatshilfe hegen, jeder müsse sich selbst anstrengen, nach individuellen Wegen suchen, wie er sich in die Gesellschaft einbringen, sich nützlich machen könne. Herrn Spalters beschließt, selbstständig zu werden und volkswirtschaftliche Studien über Osteuropa zu veröffentlichen. Er will Osteuropa der westlichen Welt näher bringen, die alten Vorurteile sollen abgeschafft werden, Westeuropa und Osteuropa werden, dank Herrn Spalters, einander besser kennenlernen, die Welt wird sich kulturell, geopolitisch, ökonomisch zum Besseren ändern, die „unsichtbare Hand des Marktes", die angeblich alles regelt, bekommt eins auf die Finger. Doch dazu braucht Herr Spalter Startkapital. Du schaffst es, sagt das Fernsehen zu ihm. Herr Spalter will sich prüfen: „Bin ich ein Mann oder eine Laus?", fragt er sich vor dem Spiegel. Die Geschichte kennt viele kleine Männer, die riesengroß geworden sind: Napoleon, Lenin, Putin. Auch Herr Spalter wird es schaffen.

Level I

Durch Zufall erfährt er, dass seine Nachbarin, die Rentnerin Frau Müller, Aktien eines Solarunternehmens in beträchtlicher Höhe besitzt. Dabei braucht Frau Müller die Aktien gar nicht. Sie ist bestimmt hundert Jahre alt, verlässt kaum noch die Wohnung und hat der Welt ganz sicher nichts mehr mitzuteilen. Sie hat keine Kinder, dementsprechend auch keine Enkelkinder, keine Haustiere, keine Katzen oder Hunde. Sie führt ein sinnloses Leben, niemand wird ihr eine Träne nachweinen. Die Welt wird es nicht einmal merken, wenn Frau Müller nicht mehr da ist. Außerdem hatte Frau Müller selbst neulich gesagt, als Herr Spalter ihr geholfen hat, die Milch von „Getränke Hoffmann" in den zweiten Stock zu tragen, sie könne nicht mehr und habe jegliche Lust am Leben verloren. Ausgerechnet diese Person verfügt über die Mittel, die Herr Spalter braucht, um die Welt zum Besseren zu verändern. Er beschließt, diese soziale Ungerechtigkeit wiedergutzumachen. Hinter dem Küchenschrank findet Herr Spalter das einzige Erbstück, das ihm von seinem leider zu früh verstorbenem Vater übrig geblieben ist: Die Axt Fiska. „Du solltest nicht töten", sagt ihm seine innere Stimme. „Und wenn es nicht anders geht? Wenn dadurch andere Leben gerettet werden können?", fragt er die innere Stimme zurück. Schafft er es, seine innere Stimme umzustimmen, kommt er auf Level II.

Level II

Herr Spalter überlegt: Alles im Leben hat einen gerechten Preis. Wäre der Preis nicht zu hoch, der Nachbarin den Rest ihres überflüssigen Lebens zu nehmen, um dadurch mithilfe ihrer Aktien

sich in das gesellschaftliche Leben einbringen zu können, Armen und Bedürftigen zu helfen, die Welt zu verbessern? Herr Spalter antwortet mit einem Nein. Der Preis ist nicht zu hoch. Er trainiert Zuhause mit einer Babybornpuppe, die Puppe hat ein kindliches Gesicht, sie kann sogar „Mama" sagen. Herr Spalter kauft Ohrenstöpsel in der Apotheke, um nichts zu hören. Er schlägt mit der Axt auf die Puppe, der Puppenkopf rollt unters Sofa. „Ich kann es tun", sagt Herr Spalter und kommt auf Level III.

Level III

Mit der Axt in der Manteltasche klingelt Herr Spalter an der Tür der Nachbarin. Es ist spät. Frau Müller erwartet niemanden, der Fernseher läuft auf voller Lautstärke. Herr Spalter bleibt nichts anderes übrig, als die Tür aufzubrechen, er fühlt sich – vielleicht zum ersten Mal in seinem Leben – wie ein richtiger Mann. Er tritt ins Wohnzimmer, Frau Müller bleibt auf dem Sofa sitzen, schaut ihm mit Unverständnis entgegen. „Tut mir leid", sagt Herr Spalter. „Wie bitte?", fragt Frau Müller nach. Sie ist etwas taub. „Tut mir!", schreit Herr Spalter und erschlägt Frau Müller mit der Axt seines Vaters. Anschließend durchsucht er das Zimmer. Was er nicht wissen kann, Frau Müller hat an diesem Abend ihre Cousine Emma zum gemeinsamen Tatortgucken eingeladen.

Tante Emma hat in ihren jungen Jahren Taekwondo gelernt und besitzt einen schwarzen Gürtel in Karate. Sie kommt aus der Toilette und greift Herrn Spalter an. Herr Spalter kommt zu der bitterem Erkenntnis: Mit einer Oma ist die Sache nicht getan, und jede weitere Oma ist schwieriger zu töten. Wenn er trotzdem die Cousine schafft, kommt er aus der Wohnung raus und landet auf Level IV.

Level IV

Herr Spalter erfährt, dass die Aktien des Solarunternehmens, die er Frau Müller unter Lebensgefahr enteignete, wertlos sind, die Sonnenbatterien des Unternehmens können die Energie nicht in großen Mengen speichern. Sie geben Licht nur, wenn die Sonne scheint und es sowieso hell ist. Nachts, wenn es dunkel wird, schalten sich die Batterien ab. War etwa der Tod zweier Omas umsonst gewesen? Die Welt wurde nicht gerettet und die private Lebenssituation von Herrn Spalter nicht besser? Mit diesem Gedanken kann Herr Spalter nicht leben. Ihm bleibt keine andere Wahl, er muss weitermachen. Er weiß, wenn irgendjemand in Deutschland Geld hat, dann sind es die Omas. Herr Spalter geht auf Oma-Jagd. Er kauft sich von seinem letzten Geld eine Busfahrkarte für eine Kaffeefahrt nach Prag. Der Bus ist voll mit Omas, die ihr gespartes Geld dabeihaben, um gegen Ende des Lebens ihr Kapital für eine sinnlose, beheizbare Massagedecke auszugeben. Herr Spalter hat nichts im Gepäck außer seiner Axt. Als einziger junger Mann im Bus genießt er großes Vertrauen, er hilft den Omas beim Ein-und Aussteigen, beim Sudoku-Raten und erzählt ihnen Rentnerwitze. Kurz vor der tschechischen Grenze beginnt das Oma-Massaker. Nicht alles geht glatt. Manche Omas wehren sich. Sie haben Waffen: Pfefferspraydosen, Elektroschocker, Peitschen. Die Lage eskaliert, als der Busfahrer sich auf die Seite der Omas stellt und eine Eisenstange aus der Schublade holt. Für den Weltverbesserer wird es eng. Wenn Herr Spalter es trotzdem schafft, die Omas und den Busfahrer zu erledigen, kommt er mit dem gesammelten Geld auf Level V.

Level V

Herr Spalter wird als Oma-Bekämpfer im Land bekannt. Er möchte nicht als Mörder und Räuber von der Öffentlichkeit geschmäht werden, sondern als politischer Kämpfer. Er will der Öffentlichkeit beweisen, dass diese westeuropäische „Demokratie" in Wirklichkeit eine autoritäre, von Omas geführte Diktatur ist, die alles tut, um die Interessen der alten Frauen zu schützen. Weil die Omas aus demografischen Gründen die Mehrheit im Land bilden,

**Wladimir
Kaminer**

*Je doller dosto
jewski: Schuld
und Sühne*

Ego-Shooter

werden nur Politiker gewählt und immer wieder gewählt, die den Omas Macht, Einkünfte und ihre Ersparnisse sichern. Um die Verschwörung der Omas aufzudecken, meldet sich Herr Spalter inkognito bei der Sendung „Musikantenstadl". Die Omas, die diese Volksmusik lieben, stellen zu hundert Prozent das Publikum bei diesen Konzerten. Herr Spalter ist der einzige junge Mensch auf dieser Veranstaltung. Er hat seine Axt nicht vergessen. Diesmal hat er nicht nur mit bewaffneten Omas, sondern auch noch mit den Sicherheitskräften zu kämpfen, mit dem Blasorchester, mit gefährlichen bayerischen Biersängern und mit Helene Fischer. Wenn er Glück hat, bringt er alle um und kommt auf Level VI.

Level VI

Nach dem Erfolg der Mission im Studio des Musikantenstadls wacht das Land langsam auf. Herr Spalter lernt Gleichgesinnte und Unterstützer kennen. Alle zusammen wollen sie die Jugend des Landes wachrütteln. Sie planen einen Überfall auf das größte Altersheim, die bestbewachte Festung des Landes. Am letzten Tag des Monats werden im Altersheim die Steuereinnahmen des ganzen Landes unter den wichtigsten Omas des Landes verteilt. Herr Spalter und seine Freunde wählen diesen Tag, um ein Zeichen der Hoffnung für die Jugend zu setzen und eine fette Beute zu kassieren. Nur mit Äxten bewaffnet stürmen sie das Altersheim, dort müssen sie sich mit den Ärzten, Krankenschwestern und dem Wachschutz schlagen, mit den Omas selbstverständlich auch. Wenn sie lebendig da rauskommen, erreichen sie das Level VII, das Bundeskanzleramt.

Level VII

Im Kanzleramt, im Turm, im zehnten Stock hinter dem Küchenschrank wird die Junge Seele des Landes in Handschellen festgehalten, beschützt von der mächtigsten Oma des Landes, der Bundeskanzlerin. Herr Spalter und seine Freunde kämpfen sich durch die Stockwerke durch und haben es am Ende mit der Bundeskanzlerin zu tun, einer unglaublich schnellen Oma, die sich unsichtbar machen und Feuer spucken kann. Am Ende finden sie hinter dem Küchenschrank die Junge Seele und befreien sie. Sie stellen fest: Die Junge Seele ist auch eine Oma, aber viel jünger. ∎

Paul Murray
No Such Place

In gewisser Weise ist dies als Reaktion auf den Film *Inception* gedacht. Von dem Film war ich äußerst enttäuscht. Er basierte auf einer brillanten Idee: Kann jemand in die Träume einer anderen Person eindringen? Aber er setzte diese Idee auf überaus nichtssagende, oberflächliche Weise um. In der *Inception*-Welt wird das Unbewusste des Menschen als eine Abfolge von Levels dargestellt, überwacht von maschinengestützten, anonymen Drohnen, die getötet werden müssen, bevor sie weiter in den Traum vordringen. Der Traum selbst ist total banal, nicht surrealer als ein durchschnittliches Action-Movie. Als ich den Film sah, war mir vollkommen klar, dass die Drehbuchautoren beabsichtigt hatten, das Einbrechen in das Unbewusste wie eine Art Computerspiel darzustellen, und letztlich zeigte der Film in seiner wichtigsten Botschaft nur, wie langweilig und fantasielos Computerspiele sein können. Das Unbewusste, in dem buchstäblich alles passieren kann, lediglich als eine Reihe von ineinander verschachtelten Feldlagern aufzufassen, lässt eine Einbildungskraft erkennen, die selbst schon durch die Mainstream-Kultur verkümmert und steril geworden ist, so als hätte Donald Rumsfeld Freud umgeschrieben.

Das war der Absprungpunkt für meine Idee. Was könnte man mit einem in einem Traumland angesiedelten Computerspiel anfangen? Wie wäre es mit einem Traumland, das von genau den besagten abtötenden Kräften belagert würde? Die unbegrenzte Macht der Fantasie gegen die unaufhaltsame Macht der externen, mit jedem Tag zudringlicheren Medien, die unsere Persönlichkeiten, Hoffnungen und Träume umschreiben, damit sie den Anforderungen ihrer Firmenvorsteher gerecht werden. Der Held von *No Such Place* liegt im Schlaf und kann nicht aufwachen. Das Spiel beginnt mit drei oder vier Szenen eines traumartigen Chaos – unten im Einzelnen aufgeführt – während der Held von dunklen, halbmechanischen Kreaturen angegriffen wird, die, wie er feststellen muss, seine Träume übernommen haben. Er wird von einem Teddybären gerettet, der mit ihm in einem Spielzeugbus zu einem tief im Wald gelegenen Märchenschloss davonrast. Dort trifft er auf weitere Spielzeugtiere aus seiner Kindheit, die sich zu einer Art Widerstandsgruppe gegen die seltsamen mechanischen Wesen, die in das Unbewusste eingedrungen sind, zusammengeschlossen hat. Die Stofftiere berichten ihm, dass jene Wesen bestimmte Erinnerungen – jüngere und tief in der Vergangenheit liegende Schlüsselmomente seines Lebens – übernommen hätten: In der Traumlandschaft, in der das Spiel stattfindet, entsprechen diese Erinnerungen den „Frontausbuchtungen" der Schlachtfelder, um deren Kontrolle die beiden Kräfte kämpfen. Denn es ist klar, dass die Wesen durch die Kontrolle der Erinnerungen das gesamte Unbewusste zu annektieren trachten. Wer sie aber sind, und weshalb sie aufgetaucht sind, bleibt ein Rätsel.

Der Auftrag des Helden besteht erstens darin, diese Erinnerungen „wiederzuerlangen"; zweitens, herauszufinden, woher diese Wesen kommen, und die Besatzung seines Unbewussten zu beenden. Nur dann wird er wieder aufwachen können.

Ein besonderer Reiz eines in einer Traumwelt angesiedelten Spiels liegt in der visuellen Freiheit für die Designer. Alles kann passieren, und Hintergrundgrafiken sind in allen erdenklichen Kombinationen möglich. Blumen werden zu Laternen, Frösche jagen kreuz und quer über die Wiesen und fangen in Nussschalen Mondlicht ein; fliegende, von riesigen Faltern gezogene Gefährte gleiten durch die Luft. Mir schwebt die Traumwelt als traditionelle Märchenlandschaft vor, wie man sie von Spielen wie *The Legend of Zelda* kennt, nur dass sie in diesem Fall mit Bildern aus Toms Erinnerung gepflastert ist, ein Gesicht, ein Schuh, ein Gebäude, ein Brief, die buchstäblich wie halb eingegrabene Statuen aus dem Boden herausragen.

Die Tiere erklären, dass Toms Erinnerungen unter der Oberfläche der Traumwelt verlaufen, ausgenommen die jüngsten, die wie Regenwasser in die unterirdischen Flüsse fließen. Doch die fremden Mächte haben sich in ihrem Versuch, an bestimmte

Erinnerungen zu gelangen, tief in die Traumwelt vorgegraben. Riesige Bohrtürme und anderes Bergbaugerät vermüllen die Landschaft; die Wesen haben sogar das Unbewusste zu sprengen versucht, um es zu durchbrechen. Das hat gewaltige Verwerfungen der Landschaft nach sich gezogen – Erdrutsche, Dolinen, Erdbeben und auch vom Bergbau verursachte Umweltverschmutzung, die sich durch Mutationen und Semi-Mechanisierungen von Flora und Fauna kundtun: Naturgegenstände sind mechanisiert worden, zum Beispiel hängt der Mond an einem Flaschenzug, Wolken werden über den Himmel gekurbelt usw. Unheimliche Hybriden: Kabel hängen aus den Bäumen, Kolben und Zylinder stehen aus ihrer Rinde heraus.

Im Kontrast zu der romantischen Landschaft der Traumwelt beruhen die Erinnerungen selbst auf vertrauten, alltäglichen Szenen. Doch sobald die Mechanoiden übernehmen, werden diese Erinnerungen albtraumhaft überformt – krebsbefallen, verbogen, entstellt und von deren eigenen mechanischen Kreationen bevölkert. Genau wie in einem echten Albtraum, kehren gewöhnliche Ereignisse auf fürchterliche und erschreckende Weise wieder. (*Eternal Sunshine of the Spotless Mind* vergegenwärtigt Kindheitserinnerung sehr effektvoll.) Tom muss in diese Erinnerungen eindringen und sie noch einmal durchleben.

Jeder Erinnerungs-Dungeon stellt eine Bedrohung für jemanden dar, dem Tom nahesteht: für seine Mutter, seinen Vater, einen Kindheitsfreund, seine Frau. Einige oder alle Figuren werden immer wieder auftreten – ein Dungeon könnte etwa einen Angriff auf seine Eltern aus einer nicht weit zurückliegenden Erinnerung darstellen; später dann könnten wir die Eltern zu einem fünfzehn oder zwanzig Jahre früheren Zeitpunkt sehen. Die Erinnerungs-Dungeons haben die Funktion, diejenigen, die Tom am nächsten stehen, gefangen zu nehmen, indem sie ihn sozusagen entmenschlichen. Wenn Tom das Ende des Dungeons erreicht und am Schluss des Levels den großen Gegner bezwungen hat, kann sich die Erinnerung endlich abspulen, und wir begreifen die Bedeutung, die sie für Tom einnimmt: In jeder einzelnen offenbart sich eine Art Liebesbeweis, eine Versprechung oder

Bindung oder Verpflichtung, die ihm gegenüber oder von ihm eingegangen wurde und sich auf seine Persönlichkeitsbildung auswirkte. Jeder große Endgegner, der getötet wurde, gibt einen in seinem Körper verborgenen Preis frei – eine Halskette, einen Trauring, ein Jojo, einen Welpen. Diese symbolisieren oder verkörpern die Erinnerungen.

Die Erinnerungen sind geträumte Erinnerungen, und dies bedeutet, dass jeder Dungeon in einem unterschiedlichen Genre, einem unterschiedlichen Format, einer unterschiedlichen Ästhetik angelegt sein kann. Eine Erinnerung könnte ein finsteres Ballerspiel sein. So wäre es etwa amüsant, Toms Hochzeitstag in ein sehr düsteres Ego-Shooter-Spiel vom Typ *Wolfenstein* zu verkehren. Andere Dungeons könnten Tom in eine Art *Super-Mario*-Figur verwandeln, die über den Abgründen ihrer eigenen Vergangenheit die Ebenen hinaufspringt. Oder ein *Tetris*-ähnliches Level, in dem die von Tom angeordneten Klötzchen das Gesicht seiner Freundin ergeben. Ein Familienurlaub in Paris mit surrealen Auftritten der Mona Lisa, der Venus von Milo, dem Eiffelturm, oder auch ein *Goldeneye*-Szenario, in dem der Vater von Attentätern aufs Korn genommen wird, die das Hotel übernommen haben. Hierbei läge die Herausforderung darin, festzustellen, ob die Ästhetik des Computerspiels auf alltägliche Szenen, die den Spielern aus ihrem eigenen Leben vertraut sind, angewendet werden könnte.

Zwischen den „wichtigen" Erinnerungs-Dungeons gibt es kleinere, hellere Erinnerungs-Irrgärten. Manche könnten das Abarbeiten von Aufgaben beinhalten – Tom entdeckt zum Beispiel, dass eine Bücherei aus seiner Kindheit attackiert worden ist, die Bücher sind aus den Regalen gerissen. Sie fliegen durch den Himmel, mechanoide Agenten verfolgen sie auf mechanischen Drachen und schießen mit Pfeil und Bogen auf sie. Weitere Agenten versuchen, sie vom Boden aus mit Netzen einzufangen.

Die eingefangenen Bücher werden auf einen riesigen Scheiterhaufen geworfen. Sobald Tom die Bücher wieder in seinen Besitz bringt und sie auf den Regalen einordnet, würde er seine Erinnerung „vervollständigen" und etwas erlangen, das ihm bei seiner Suche helfen würde: etwa einen Schnorchel, mit dem er einen Erinnerungsfluss in den nächsten Dungeon hinunterschwimmen kann, oder eine Karte, die ihm zeigt, welche Erinnerungen gerade angegriffen werden.

(Diese Aufgabe könnte noch einen weiteren Teil aufweisen, in dem die Charaktere aus den Büchern gefangen und versklavt würden: Tom hätte sich dann aufzumachen, um *Peter Rabbit* oder den *Tiger, der zum Tee kommt* zu retten.)

Bevor Tom herausfinden kann, warum seine Erinnerungen attackiert werden, muss er das Spiel ausreichend lange gespielt haben. Ein Erinnerungs-Dungeon könnte sich um Toms fünften Geburtstag drehen: Er muss an die Geburtstagstorte gelangen. Aber die anderen Kinder sind von den mechanoiden Agenten übernommen worden und treten zu einem Wettrennen gegen ihn an, alle in Spielzeugautos. Dies ähnelt also einem Level aus *Mario Kart,* aber hier geht es durch ein Labyrinth, das aus Toms verzerrten Erinnerungen an seine Geburtstagsparty (riesige Ballons, tödliche Luftschlangen, ein furchterregender Clown usw.) zusammengesetzt ist. Wenn er den Dungeon durchlaufen hat, entdeckt er, dass Oliver, sein bester Freund, eingekerkert worden ist (vielleicht in einem riesenhaften über einem Abgrund hängenden oder am Grund des Ozeans liegenden Geburtstagsgeschenk).

Erwachsen geworden, wird Oliver Toms Partner bei dessen neurologischen Forschungen. Oliver versucht, mit Tom Kontakt aufzunehmen, von außerhalb des Komas. Eines der Tiere führt Tom zu der Quelle, aus der eine Stimme kommt. (Alternativ könnte dies Teil eines Dungeons sein – etwa eine Weihnachtserinnerung, bei der alles in Eis eingeschlossen ist. Böse Rentiere, böse Elfen, eine Verfolgung über die Dächer deiner Stadt, du in einem Spielzeugflieger und der böse Sankt Nikolaus in seinem Schlitten. Wenn der Nikolaus besiegt ist, findest du ein in seinem Herzen steckendes Eisstück. Das Eisstück schmilzt und eine Stimme kommt frei.)

Wenn Oliver spricht, kannst du Bilder der von ihm beschrie-
benen Dinge sehen, jedoch verzerrt und fragmentiert. Er sagt dir,
dein Name sei Tom Baxter. Du seist in einem Koma. Dr. Oliver sagt,
er hätte, in der Hoffnung, du würdest sie hören, diese Nachricht
in den letzten zwei Wochen stündlich wiederholt.

Dr. Oliver teilt dir mit, dass du und er Mediziner seien, die
Forschungen betrieben. Ihr hättet an einem neuartigen Medikament gearbeitet, das luzides Träumen möglich macht. Luzides
Träumen versetzt den Träumer in die Lage, im Traumstadium
Bewusstsein zu erlangen und so die Kontrolle über seine Träume
übernehmen zu können. Das kann von immensem Vorteil sein,
sagt er: Es würde dem Träumer zum Beispiel erlauben, im Labor
zu forschen oder Gebäude zu entwerfen und zu testen, ohne mit
den Kosten oder Schwierigkeiten konfrontiert zu sein, die er im
Wachzustand zu gewärtigen habe.

Aber ihr hättet herausgefunden, dass euer Medikament
eine Nebenwirkung aufweist: Es erschwere die Umwandlung von
Kurzzeit- in Langzeiterinnerungen. Wenn die Versuchsperson das
Medikament einnehme, würde sie alles, was mehr als ein paar
Tage zurückliege, vergessen; ihr befürchtetet, dass die fortgesetzte
Einnahme des Medikaments sogar noch schlimmere Auswirkungen haben und das Langzeitgedächtnis beschädigen und
schließlich auslöschen könnte. Ihr hättet die Forschungen abge-
brochen, da Tests an weiteren Personen nicht zu rechtfertigen
gewesen wären und ihr keine Selbstversuche riskieren wolltet.
Doch als du eines Nachts alleine im Labor warst, hättest du dich
irgendwie einer starken Dosis ausgesetzt. Seither lägest du im
Koma. Das Krankenhauspersonal würde gerne die lebenserhal-
tenden Maßnahmen ausschalten. Nur deine Frau und Dr. Oliver
glaubten noch daran, dass du „da drin" seist.

Wenn du noch „da drin" sein solltest, fährt Dr. Oliver fort, werden deine Erinnerungen wahrscheinlich eine radikale Verzerrung erfahren haben. Es sei lebenswichtig, dass du wieder die Kontrolle über dein Unbewusstes gewinnst, bevor die Kontaminierung sich auf die grundlegenden Erinnerungen ausdehnt und deine Persönlichkeit unwiderruflich Schaden nimmt. Falls dir dies nicht gelänge, könnte es sein, dass du nie mehr aus dem Koma erwachst; und selbst wenn, könnte deine Persönlichkeit wie „weggewischt" sein.

Es bestehe die Möglichkeit, dass dein Forschungspartner Dr. Oliver dir von außen Hilfe leistet. Falls du diese Botschaft erhältst, sagt er dir, dann suche die Erinnerung an die letzte gemeinsame Unterhaltung im medizinischen Forschungslabor auf. Dr. Oliver wäre mittels Autosuggestion imstande, eine Version seiner selbst in diese Erinnerung zu projizieren, die dir dann bei der Wiedererlangung deines Gedächtnisses assistieren und dich schließlich aufwecken könnte.

Demnach ist der nächste Erinnerungs-Dungeon Toms eigener Arbeitsplatz, ein medizinisches Forschungszentrum. Tom gelangt mit Hilfe des Teddybären dorthin. Hier tut sich natürlich ein großer Spielraum für gruselige Episoden auf: mutierte Kreaturen aller Art. Eine Traumfarm. Am Ende dieses Dungeons trifft Tom auf den erwachsenen Oliver. Oliver erläutert, dass dein Unbewusstes mit der Invasion der Mechanoiden das Eindringen des Medikaments in dein Gedächtnis darstelle. Es sei unerlässlich, dass du es in seinem Fortgang stoppst, bevor es deine grundlegenden Erinnerungen erreicht, die allertiefsten Erinnerungen, über die du verfügst. Beide gelangt ihr an den „Fluss der Erinnerungen", eine lange Sequenz, die sich unter Wasser abspielt und in der das Wasser buchstäblich Erinnerung ist und fortwährend Geister aus deiner Vergangenheit anspült. Am Ende des Flusses müsst ihr in die Tiefenerinnerung einsteigen. Hier sind die Feinde nicht mechanoid, sondern Schutzmechanismen des Unbewussten selbst.

Ihr bemerkt, wie sich eure Gestalt verändert, dass ihr nicht nur unfähig seid, die Bewegung, sondern auch die eigentliche

Form eurer Körper zu kontrollieren. Sobald ihr eingestiegen seid, wendet sich Oliver an dich und sagt dir die Wahrheit.

Er sei nie dein bester Freund gewesen. Er habe eine alte Erinnerung usurpiert, um zwischen euch eine Bindung zu schaffen, die tiefer gehe als die echte. Er habe in dem medizinischen Forschungslabor als dein Assistent gearbeitet. Er berichtet dir, dass das Militär wegen des Medikaments für luzides Träumen auf dich zugekommen sei. Es sei an dem augenscheinlichen Forschungspotenzial interessiert. Aber mehr noch zeige es Interesse an den Nebenwirkungen, daran, dass es die Persönlichkeit vernichte. Indem das Medikament Schlüsselerinnerungen entferne, würde es die emotionale Verbindung der betreffenden Person zu Freunden, zur Familie oder zu anderen auslöschen; sie könne dann neu beschrieben werden, um auszuführen, was immer man ihr auftrage.

Im echten Leben lehnte Tom Baxter das Angebot des Militärs ab. Aber Oliver, sein Assistent, tat es nicht. Er setzte Tom dem Medikament aus und benutzt ihn nun als Versuchsperson. Kann er Tom durch das Auslöschen seiner Erinnerungen völlig entmenschlichen? Für Oliver besteht das Problem darin, dass die tiefsten Erinnerungen von dem Medikament nicht tangiert werden. Nur die betroffene Person selbst kann an diese grundlegenden Erinnerungen gelangen. Aus diesem Grund war Oliver auf Tom angewiesen, denn nur er konnte ihn in die Tiefenerinnerung führen. Jetzt erst wird er in der Lage sein, die Tiefenerinnerung auszuschalten.

Oliver kann Tom nicht töten, weder im Traum noch in der Realität, aber er kann ihn ausschalten: Er sperrt ihn in ein Escherartiges Labyrinth, während er weiter in die Tiefenerinnerung vordringt. Tom muss diesem Labyrinth entkommen, Dr. Oliver in die Tiefenerinnerung folgen und ihn stoppen.

Deep Memory darzustellen, also die Art, in der sich die Welt einem sehr kleinen Kind zeigt, wäre eine wirklich interessante Herausforderung. Oliver wäre nun imstande, Toms Erinnerungen zu manipulieren, sodass er jede Gestalt, die dem kleinen Tom Angst gemacht haben mag, annehmen kann. Dieser letzte Dungeon wäre eine Art Super-Dungeon, ein Traumchaos, in dem sich mit jedem Schritt die ganze Szene ändern könnte (zu einem Garten werden, dann zu einem Friedhof, dann zum Inneren eines Mundes oder sogar zu einer Gebärmutter).

(Des Dramas nicht genug: Um die Wirkung des Medikaments zu testen, versucht Oliver Tom so umzuprogrammieren, dass er die ihm am nächsten stehende Person – seine Frau – tötet. Das könnte zur finalen Szene werden, in der Tom gegen den umprogrammierten Tom kämpfen muss.)

In einem Spiel, das im Unbewussten einer Person angesiedelt ist, stehen alle visuellen und spieldramaturgischen Möglichkeiten zur Verfügung. Für mich eines der attraktivsten Elemente ist dabei die Verwendung der Vergangenheit. In den meisten Spielen hat die Vergangenheit keine wirkliche Bedeutung. Die einzige Wirklichkeit ist die Gegenwart, die du und dein Gegner zu kontrollieren versuchen. Da du und dein Feind unbeschriebene Blätter ohne wirkliche Vergangenheit seid, seid ihr euch im Grunde gleich. *No Such Place* versucht ein Gefühl für den Helden zu entwickeln, indem es dessen Erinnerungen zeigt. Zumindest würde es aufzeigen, dass die Vergangenheit auf unser gegenwärtiges Leben fortwährend Einfluss nimmt.

In naher Zukunft könnte ein solches Spiel ganz anders entwickelt werden. Es ist durchaus möglich, dass in einigen Jahren die Bücher, die man liest, die Filme, die man sich ansieht und die Musik, die man hört, von ein und demselben Gerät wiedergegeben werden – ein Gerät, das auch deine Fotos aufnimmt, deine E-Mails und Textnachrichten usw. übermittelt und auch deine Interessen für die Online-Suche kartiert. Theoretisch könnte ein solches Gerät ein Computerspiel sehr einfach mit den Bildwelten aus den Büchern, die du als Kind gelesen hast, und, deinen gespeicherten Fotos entnommen, mit dir bekannten Menschen bevölkern. Es könnte deine eigenen Erinnerungen heranziehen, um ein solches Abenteuer zu kreieren; du könntest buchstäblich durch deine eigene Vergangenheit reisen. Ist dies tatsächlich, was die Menschen wünschen?

In diesem Spiel geht es also um eine Reise in die Vergangenheit. Ist es tatsächlich möglich, ein Gefühl für den Charakter des Helden zu vermitteln, indem man seine Erinnerungen durchforscht? Oder anders gesagt: Kann zukünftige Technologie dich befähigen, deine eigenen Erinnerungen zu verwenden? Und möchten die Menschen das wirklich?

Anfangsszenen

Szene 1

Das Spiel beginnt in einem riesigen Spinnennetz, oder einer komplexen Ansammlung von Spinnennetzen, die Türme und Torbögen bilden. Ein Stoffhase ist an deiner Seite und bittet dich, ihm zu folgen. Du rennst vor den Spinnen davon und in das Netz. Mit jedem Schritt, den du vorankommst, erkennst du in der dahinterliegenden Dunkelheit mehr und mehr Gegenstände aus deinem eigenen Zuhause – eine Treppe dort, einen Bilderrahmen da, eine Lampe, die Wand eines bestimmten Zimmers; du siehst auch die Gesichter von Freunden und Familienangehörigen. Anfangs kannst du sie nur verschwommen ausmachen, aber dann werden sie deutlicher und lauter, als seien die Spinnweben über und um eine Kinoleinwand gespannt und zeigten Fragmente aus deinem Leben. Aber du bist nicht imstande, zu ihnen zu gelangen – du kannst nur auf dem Netz gehen. Du wanderst mit dem Hasen durch Spinnwebtunnel, bis du schließlich eine Art Kokon erreichst. In dem Kokon erkennst du ein Krankenhauszimmer.

Du siehst einen schlafenden Körper in der Mitte des Kokons. Du gehst näher heran und siehst, dass es dein eigener Körper ist. Er ist in Spinnweben eingewickelt, dein Gesicht ist grau und reglos. „Schnell!", ruft der Hase. Du blickst dich um und siehst die Spinnenkönigin auf dich zukommen. Du blickst zurück und siehst ein beleuchtetes Portal über deinem Ohr – dem Ohr deines schlafenden Doubles. Du näherst dich dem Portal, es wird zu einer Wendeltreppe mit großen Lücken, über die man hinwegspringen muss, und mechanischen Fledermäusen, die sich von den Dachsparren fallen lassen und auf dich herabstoßen. Die Spinnenkönigin ist dir auf den Fersen – du musst dich beeilen, hinein in die Dunkelheit deines eigenen schlafenden Verstands.

Szene 2

Du kommst in deinem eigenen Wohnzimmer heraus. Keine Spinnweben mehr, aber die Proportionen sind alle falsch – Wände, die eigentlich gerade sein sollten, biegen und krümmen und wölben sich über deinem Kopf, die Kamineinfassung ist unter dem Gewicht einer riesigen Uhr eingestürzt, ihre Zeiger gehen nicht voran, sondern ticken auf der Stelle bloß hin und her. Die Türen sind zugemauert worden – es gibt keinen Ausgang mehr. An der Decke hängt ein Klavier. „Hierher!", sagt das Licht. Als du spielen möchtest, erscheint die Klavierlehrerin. Ihre Proportionen sind verzerrt wie die des Zimmers; bedrohlich steht sie hinter dir mit geschwärzten Augen. Sie hält einen Taktstock, mit dem sie dich zu schlagen versucht; du kannst nur boxen und treten. „Beeil dich!", sagt das Licht. Als du dich dem Klavier zuwendest, ist es weiter weggerückt und das Zimmer steht in Flammen. Du gelangst zu dem Klavier: Das Licht zeigt dir, welche Noten du spielen sollst, aber statt Musik hörst du:

```
        jemand    nicht   aufwachen
  irgend-                      mich
               will                        lassen


  jemand                     nimmt
  irgend-              über-  Platz
            gerade                meinen
```

Nachdem du die Melodie erfolgreich zu Ende gespielt hast,
fallen die Tasten in das Klavier und enthüllen eine weitere Treppe.
Du betrittst sie und steigst sie hinunter. Beim Hinuntergehen
passierst du in die Dunkelheit eingelassene Fenster, durch die
du Szenen aus deiner Vergangenheit erhaschst – mit der Familie,
mit Freunden. „Du" erscheinst in jeder dieser Szenen – zunächst
nur mit „deinem" Rücken, aber mit jeder Szene mehr dem Fenster
zugewandt, bis „du" dich mit geschwärzten Augen geradezu aus
dem Fenster heraus anblickst. „Du" lächelst maliziös, schließt
dann die Tür und lässt dich in der Finsternis zurück.

Szene 3
Du öffnest eine Tür am Fuß der Treppe und findest dich in einer
vertrauten Vorstadtstraße wieder. Autos fahren die Straße hoch
und runter, Leute gehen den Bürgersteig entlang, gehen in Läden
hinein, kommen aus ihnen heraus usw. Dann hörst du ein Hupen
hinter dir – du drehst dich um und siehst einen lebensgroßen
Spielzeugbus, der die Straße heraufschießt. Er wird von einer
Flotte schwarzer Wagen verfolgt. Der Stoffhase winkt dir verzweifelt durch das Fenster zu und weist dich an, zu einer weiter vorne
am Fußgängerweg liegenden Bushaltestelle zu gehen. Die Fuß-
gänger, nun mit geschwärzten Augen, versuchen dich aufzuhalten,
Autos rasen auf den Gehsteig und versuchen dich umzufahren.

Du kannst rennen, springen, Purzelbäume schlagen, bis du es zu
dem Bus schaffst. Der Bus wird von einem Teddybären gefahren.
Am hinteren Ende des Busses ist ein Maschinengewehr, an das
du dich setzt. Die schwarze Wagenflotte verwandelt sich in ein
Wolfsrudel, dem sich Drachen und Kampfflieger beigesellen; die
Straßen verschwinden und werden zu einem Märchenwald. Sobald die Verfolger abgehängt sind, fährt der Hase den Bus zu
einem Schloss, das du aus deinen Märchenbüchern kennst.

Szene 4

Das Schloss, von außen grandios und märchenhaft, ist innen her-
unterkommen und halb verfallen. Beim Aussteigen aus dem Bus,
einer nach dem anderen, tritt eine Handvoll Spielzeug aus dem
Schatten – ein Bär, ein Krokodil, ein Pinguin, ein Elefant. Auch
sie sehen ziemlich ramponiert aus – manche haben ein Körper-
glied verloren, ein Auge, oder weisen Flicken auf, durch die man
die Füllung sehen kann.

Sie bringen dich in die Kommandozentrale: dein eigener
Kindergarten, mit Kinderbettchen, Mobiles, weiteren Stofftieren,
aber jüngst mit von Flaggen und Nadeln übersäten Karten und
Grafiken aufgerüstet. Die Stofftiere erzählen, was geschehen ist:
Dein Innenleben ist infiltriert. Es wird von seltsamen überirdi-
schen Wesen langsam mechanisiert. ∎

Alban Nikolai Herbst

Durch die Städte I

Wir beginnen in unserer Herberge in einer uns bekannten Stadt, spazieren hinaus, gehen die Straßenzüge entlang, wollen umkehren, aber finden den Ausgangsort nicht mehr. Sowie wir durch eine Straße gegangen sind, wird sie gelöscht und durch eine andere Straße ersetzt; nur der Ausgangspunkt (die Herberge/das Zuhause) bleibt erhalten; es sind jetzt andere Straßen, die zu ihm hinführen, auch anders gerichtete, verlaufende. Wir bemerken das während wir gehen aber nicht, sondern immer erst, wenn wir umkehren wollen. Die Veränderungen finden stets hinter unserem Rücken statt, nicht aber, wenn wir zurücksehen, das heißt, wenn wir zum Beispiel rückwärtsgehen. Wir dürfen uns nur nicht vom Rückweg abwenden.

Aber das müssen wir, denn es gibt Hindernisse: Verkehr, rote Ampeln, andere Verkehrsteilnehmer, aber auch Gegner wie zum Beispiel Taschendiebe oder Figuren, die auf Schlägereien aus sind; außerdem Kanäle, Bach- und Flußläufe und so weiter. Sind wir beim Überqueren von derartigem genötigt, unsere Aufmerksamkeit von dem Rückweg abzulenken, verändert er sich, und nur ein ganz anderer Weg führt zurück.

Kehren wir in ein Café ein und verlassen es dann wieder, hat sich ebenfalls die Umwelt verändert; es kann sinnvoller sein, den Ort etwa durch die Küche und dann eine Lieferantentür zu verlassen; es kann aber auch passieren, daß man dann in einer völlig anderen Stadt, vielleicht auf einem völlig anderen Kontinent oder – im, ich sag einmal, Fantasy-Modus – sogar auf einem anderen Planeten herauskommt mit völlig anderen Lebensformen, aber auch anderen Naturgesetzlichkeiten. Ziel des Spieles bleibt es in jedem Fall, die „richtigen anderen" Wege zu finden, die uns zurückbringen, und wieder am Heimatort anzukommen.

Das Spiel kann von mehreren Spielern gemeinsam gespielt werden, also im Team, auch über miteinander vernetzte Computer, auch im Internet selbst. Es kann aber auch gegeneinander gespielt werden, indem versucht wird, anderen Spielern den richtigen beziehungsweise vermeintlichen Rückweg zusätzlich zu versperren oder die anderen Spieler abzulenken, um sie fehlgehen zu lassen. Jeder Spieler hat aber das Ziel, an seinen eigenen Ursprungsort zurückzugelangen oder an den jeweils gemeinsamen. Es gewinnt nur, wem das gelingt, aber auch nur dann, wenn man diesen Ursprungsort tatsächlich auch verläßt. Erst damit beginnt das Spiel.

Da nicht vorhergesagt werden kann, wie lange das Spiel dauern wird, kann es nötig sein, sich zwischendurch Unterkünfte zu besorgen, Übernachtungsmöglichkeiten im freien Feld zum Beispiel; für Nahrung muß gesorgt werden, das bedeutet, wir brauchen im Zweifelsfall auch (Spiel-)Geld. Das können wir uns mithilfe eines vorher definierten Anfangskapitals aus Geldautomaten besorgen, es kann aber auch sein, daß wir es uns – je nachdem, wie lange wir unterwegs sind – verdienen müssen. Hierfür gibt es Aufgaben, die zu erledigen sind, etwa gegen Bezahlung Brücken zu bauen. Oder aber – in Form eines Aussetzens für ein paar Stunden – einen Job anzunehmen und auf diese Weise Geld zu verdienen, um das normale Überleben zu sichern. Hierfür können wir jeden Zeitraum nutzen, an dem wir nicht spielen, sondern tatsächlich in unserem jeweiligen Job sind, aber auch die Phasen, in denen wir de facto schlafen oder Sonstiges tun. In den Spielpausen „verdienen" wir also das, was uns das Weiterspielen ermöglicht. Wir müssen dann vorher nur schauen, welche Jobangebote es gerade in der Gegend gibt, bis zu der wir gekommen sind. Höhe des Einkommens wird der Einfachheit halber nach dem Zeitaufwand bestimmt. Geht uns das Geld aus oder finden wir keinen anderen Weg weiterzukommen, werden wir als Spieler aus dem Spiel gelöscht. Das Spielen muß also von Zeit zu Zeit unterbrochen werden. Es gibt auch keine Möglichkeit eines Neuanfangs, sondern wenn wir wieder einsteigen, steigen wir dort ein, wo wir aufhörten. Die Spieler werden über die IP-Adresse ihrer Computer identifiziert. Es ist aber selbstverständlich möglich, ein ganz neues Spiel an einem ganz anderen Computer zu beginnen, mit einer dann anderen Identität. Prinzipiell indes spielt man dieses Spiel ein einziges Mal im Leben, eventuell jahrelang – bis man zurück ist oder aufgibt.

Für die naturalistische Variante des Spiels wird auf die Karten und Bilder von Google Earth zurückgegriffen. Man hat damit die Möglichkeit verschiedener Perspektiven auf den eigenen genommenen Weg, also kartographisches Material, das sich freilich ebenfalls ständig ändert. Gesehen wird das Spiel durch die eigenen Augen, also der Bildschirm zeigt nur, was wir selbst sehen. Fest bleiben allein die Koordinaten des Heimatortes. Es ist deshalb sinnvoll, das Spiel unter Zuhilfenahme eines Kompasses zu spielen.

Ein großer Reiz des Spiels besteht darin, daß wir alleine dadurch, daß wir uns bewegen, unseren eigenen Ort verwandeln. Deshalb wird empfohlen, den tatsächlich eigenen Wohnort – nicht etwa, was möglich wäre, eine bekannte Herberge in einem anderen Ort – zum Ausgangspunkt zu machen; schon nach wenigen Minuten werden wir in völlig anderen Städten landen, die in aller Regel aufgrund dort besonders markanter und allgemein bekannter Orte, etwa Eiffelturm, Wiener Kunstquartier oder Brandenburger Tor, auch sofort erkannt werden. Der zweite große Reiz des Spiels besteht in der ständigen Mischung aus Bekanntem und Fremdheit. Wenn wir das Spiel im Internet zu spielen beginnen oder über ein Smartphone, wird der Anfangsort automatisch über GPS bestimmt. Je mehr Spieler beteiligt sind, also je mehr GPS-Ausgangspunkte es gibt, desto mehr geographische Daten werden in das Spiel automatisch eingeschleust und desto komplizierter wird das „Spielfeld".

Zusatzvariante:

Wird das Spiel über Ländergrenzen hinweg gespielt, gelten bei Betreten eines neuen Landes beispielsweise die dortige Straßenverkehrsordnung und Gesetzgebung. Um den Spielmodus noch einmal zu verfeinern, sollte dann auch jeweils auf landestypische Garderobe geachtet werden. ∎

Saša Stanišić

The Return I

Genre: Als Prinzip („Vom Ende her spielen") auf die meisten Genres anwendbar. Ein Ego-Shooter führt den Charakter zurück durch eine von ihm zusammengeschossene, entvölkerte Welt. Eine Simulation mit dem Abschluss eines Großprojekts (bei Sim City etwa einer Riesenmetropole). Ein Role Playing Game erzählt das Abenteuer rückwärts, ausgehend von der Konfrontation mit dem Endgegner.

Spielprinzip: Was mit einer Hauptfigur nach *GAME OVER* geschieht bekommen wir ja sonst nicht zu sehen, dies wird höchstens „nacherzählt", nicht gespielt. Auch viele Open-World-Spiele bieten nach dem Endgegner nur noch User-generated Content zum Weiterspielen an oder generische Abenteuer, die zufällig, doch nach festen Mustern – Seek & Destroy, Bring To, Get Back, Kill – ablaufen.

The Return wird vom Finale her gespielt, wobei der Spieler mit den Folgen (s)eines Handelns konfrontiert wird, das zu dem Finale geführt hat. Das wären Entscheidungen, die er (typischerweise) getroffen haben könnte, um ins Endgame zu kommen, Opfer und Täter, die er zu dem gemacht hat, was sie sind, individuelle Schicksale der Nebenfiguren oder auch ökologische und wirtschaftliche Konsequenzen des Spielerfolgs (oder Misserfolgs).

Beispiel: Das Ganze beginnt in dem Moment, da der Spieler dem Endgegner den Todesstoß versetzen soll. Das Spiel gibt ihm die Option, diesen zu verschonen. Schon die Entscheidung, ob er dies tut, oder doch den finalen Schlag führt, beeinflusst die Reaktionen von vielen, denen er nun auf dem Rückweg begegnet.

Auf dem Rückweg wird der Spieler mit den Taten konfrontiert, die sein Charakter auf dem Weg zum Endgame begangen haben könnte. Er begegnet versprengten Feindestruppen, die vor ihm die Flucht ergriffen hatten, Verwundete liegen herum, Tote rotten vor sich hin, ihre Familien beweinen sie, Untote sind wiederauferstanden. Einige Unverbesserliche konfrontieren den Charakter wieder mit Waffengewalt (Action-Komponente), die meisten aber leben mit ihrem Schicksal als Besiegte und Geknechtete. Waren

sie bisher gesichtslose Horden des Bösen, sind sie jetzt verein-
samte Männer, Frauen und Dämonen, die des Lebenssinns oder
ihres Standes oder des rechten Arms beraubt wurden und auf
Hilfe, Rat und Geld angewiesen sind. Für einige ist er der Held,
für die meisten einfach jemand, der ihnen mit Magie oder Schwert
die Lebensgrundlage entzogen hat.

Der Spieler kann nun, wenn er so will, helfen. Er bekommt
Aufträge, begleitet die Verwundeten nach Hause, bringt Familien
zusammen. Je nachdem, wie er die eigene Rolle definiert, als Töter
oder Retter, kann das Spiel zu einem erneuten Gemetzel ausufern
oder aber samariterhaft ablaufen. Auch wird jede Begegnung
immer davon abhängen, wie der Spieler sich zuvor moralisch
verhalten hat. War er bis dahin gütig, werden die Menschen ihm
offener begegnen (aber auch seine Güte ausnutzen wollen), um-
gekehrt werden sie sich vor ihm zu verstecken suchen (oder sich
ihm auch anschließen wollen, einer neuen „starken Kraft" im
Land).

Jeder Non-player character (NPC) hat seine individuelle Geschichte, die (in der Vergangenheit) vom Spieler-Charakter beeinflusst
wurde, und (in der Gegenwart) wieder beeinflusst (zum Besseren
oder Schlechteren) werden kann, sofern der Spieler nun auf den
NPC und seine Geschichte reagiert. Schlimmstenfalls entpuppt
sich der Charakter dabei schließlich als „das Böse" in der Welt,
oder er bleibt in der Grauzone, in der Leid und Tod und Hilfeleis-
tung moralisch nie ganz festlegbar sind. Oder er wird tatsächlich
zum White Knight, der auch die eigenen Fehler zu korrigieren
sucht. ∎

Alessandro Cremonesi
Luca „Lagash"Saporiti

Die unsichtbaren Spiele I

Schließen Sie bitte die Augen, und denken Sie an eine unsichtbare Stadt. ∎

Christian Schiffer

Erdbeeren oder Gnocchetti? ■

Was für eine dumme Idee! Anfang des 20. Jahrhunderts isst der Schriftsteller Gustav von Aschenbach in Venedig überreife Erdbeeren und verstirbt kurz darauf an der Cholera. Dabei hätte er es besser wissen müssen! Ein Angestellter eines englischen Reisebüros hatte ihm kurz vorher erzählt, dass die indische Cholera in der Stadt grassiere, dass sogar kürzlich eine Grünwarenhändlerin an der Seuche gestorben sei, wahrscheinlich infiziert durch Nahrungsmittel. Aber nein, Gustav von Aschenbach muss ja unbedingt Erdbeeren essen.

Ausgedacht hat sich diese Geschichte Thomas Mann, und egal wie oft man „Der Tod in Venedig" liest, das Ableben Gustav von Aschenbachs ist unvermeidbar. Egal ob man Manns Novelle höchst konzentriert durcharbeitet oder nur gedankenverloren darin schmökert, jedes Mal isst Gustav von Aschenbach die Erdbeeren und jedes Mal stirbt er daran. Jedes verdammte Mal.

So ist das in Büchern. Anna Karenina wirft sich jedes Mal am Ende von Leo Tolstois Roman vor den Zug. Werther schießt sich jedes Mal am Ende von Goethes berühmtem Werk in den Kopf. Und die Trojaner ziehen in der „Ilias" jedes Mal das hölzerne Pferd in ihre Stadt – auch so eine dumme Idee. Die Geschichten in Büchern, sie bleiben immer gleich, egal, völlig egal, wer sie liest und egal wie oft, sieht man mal von kleinen formalen Abweichungen in unterschiedlichen Übersetzungen oder Auflagen ab.

Anders Computerspiele. „Ich arbeite mit Freiheiten", sagt Michael Bhatty, Professor für Gamedesign an der Macromedia Fachhochschule in München und Autor zahlreicher Computerspiele. Er meint: „In einem Computerspiel ist der Spieler aktiver Bestandteil, das heißt, wir müssen dem Spieler Möglichkeiten geben, sodass er frei agieren kann." Wäre Thomas Mann ein Gamedesigner gewesen, wer weiß – vielleicht hätte er dem Spieler die Freiheit gelassen, Gustav von Aschenbach venezianische Gnocchetti kosten zu lassen, statt überreifer Erdbeeren.

Digitale Spiele sind ein interaktives Medium. Das kann heißen, dass der Spieler es selbst in der Hand hat, wann er bei „Super Mario" vor einer Schlucht die Sprungtaste loslässt, mit entsprechenden Auswirkungen auf die Lebenserwartung des schnauzbärtigen Klempners. Das kann aber auch heißen, dass er sich im düsteren Detektivspiel „L. A. Noire" eine Stunde neben das Radio stellt, um einer Originalrede des ehemaligen US-Präsidenten Harry S. Truman zu lauschen.

„Ein Spiel ist eine Reihe von interessanten Entscheidungen."

Das allerdings bedeutet nicht, dass dem Autor eines Computerspiels keine Funktion mehr zukommen würde, er bildet den Rahmen, innerhalb dessen sich der Spieler bewegen kann. Es ist ein bisschen wie beim Geschichtenerzählen am Lagerfeuer: Auch hier passt der Erzähler seine Geschichten der Zuhörerschaft an, dichtet auf Wunsch für die Kinder vielleicht ein Monster dazu oder für die Erwachsenen eine schmuddelige Erotikszene. Auf jeden Fall wird er seine Geschichte niemals ganz gleich erzählen, sondern sie entsprechend seiner Zuhörerschaft verändern. Interaktives, nichtlineares Erzählen ist also keineswegs eine Erfindung des Digitalzeitalters.

Auch auf gedrucktem Papier gab es bereits interaktive Elemente: In der Erzählung „Der Garten der Pfade, die sich verzweigen" aus dem Jahr 1941 gibt Jorge Luis Borges verschiedene Handlungspfade vor. Diese Geschichte an sich ist aber noch nicht interaktiv, sondern beschreibt Interaktivität nur. Auch der argentinische Autor Julio Cortázar experimentierte mit nichtlinearer Literatur. Seinen Roman „Rayuela" kann man auf zwei unterschiedliche Weisen lesen: „Chronologisch", mit Kapitel 1 beginnend, oder einem Vorschlag Cortázars entsprechend (Kapitel 73, 1, 2, 116, 3, 84 ...). Auf einem ähnlichen Prinzip basieren auch die sogenannten Spielbücher, die Ende der 1970er-, Anfang der 1980er-Jahre populär werden. Diese sind in kleine Abschnitte

Christian
Schiffer

*Erdbeeren oder
Gnocchetti – Wie
Computerspiele
Geschichten
erzählen*

unterteilt, nach einem Abschnitt wird der Leser vor eine Wahl gestellt und muss, je nachdem wie er sich entschieden hat, auf einer anderen Seite fortfahren. Neben den Spielbüchern entstehen damals auch die Pen-&-Paper-Rollenspiele als Variante des interaktiven Erzählens. Dabei sitzen die Spieler um einen Tisch herum und schlüpfen in fiktive Rollen, um Abenteuer zu erleben. Hauptspielmittel sind „pen" und „paper", Stift und Papier also, um die Rollen auf sogenannten Charakterbögen zu fixieren und den Spielverlauf zu dokumentieren. Das Pen-&-Paper-Rollenspiel erlebt in den 1980er-Jahren seinen Höhepunkt, die dort entwickelten fantastischen Welten prägen eine ganze Generation und entwickeln mit der Zeit einen gewaltigen Einfluss auf die heutige Popkultur.

Damals wie heute gilt das, was Gamedesign-Legende Sid Meier einmal gesagt hat: „Ein Spiel ist eine Reihe von interessanten Entscheidungen." Interessante Entscheidungen – in vielen digitalen Spielen bedeutet das, dass man sogar die Wahl hat, wer man sein möchte: Strahlender Held? Fieser Bösewicht? Irgendwas dazwischen? Mann? Frau? Irokesenfrisurenträger? Magier? Dick? Dünn? Tribal auf der Schulter? Schön? Hässlich? Smarter Charismatiker oder torfköpfiger Haudrauf? In vielen Computerspielen ist der Spieler die Hauptfigur und das erklärt auch, weshalb viele Computerspielfiguren so platt sind wie ein Pizzateig. Von Super Mario weiß man nicht viel mehr, als dass er den Beruf des Klempners ergriffen hat und mit Peach verbandelt ist, ihres Zeichens Prinzessin und wiederholtes Entführungsopfer. Und auch über Gordon Freeman aus dem Ego-Shooter „Half-Life" ist kaum mehr bekannt, als dass er Wissenschaftler ist, nie ein Wort sagt und einiges mit Brechstangen anstellen kann. Gebrochene Charaktere mit tragischer Fallhöhe sind in Computerspielen immer noch die Ausnahme. „Ich wollte Charaktere erschaffen, die Probleme haben, Herausforderungen und Fehler, und die Gamer wollten damit rein gar nichts zu tun haben", sagt die Drehbuchschreiberin Susan O'Connor, die an der Geschichte von einigen „Tomb Raider"-Spielen mitgeschrieben hat. O'Connor führt weiter aus: „Wenn Du Deinen Freunden erzählst, was Du letzte Nacht gezockt hast, dann sprichst Du nicht davon, wie Master Chief dieses oder jenes gemacht hat oder Kratos, Nathan Drake oder andere berühmte Computerspielfiguren. Du sprichst darüber, was Du gemacht hast. Ich bin den Wasserfall runtergesprungen! Ich habe diese ganzen Aliens getötet! Der Spieler geht in der Rolle des Charakters auf, den er spielt." Computerspielcharaktere müssen also vielleicht auch ein wenig platt sein, damit sich die Spieler besser mit ihnen identifizieren können. Susan O'Connor konzentriert sich in ihrer Arbeit deswegen darauf, die Charaktere, die nicht vom Spieler gesteuert werden, dafür dann umso genauer auszugestalten. Und tatsächlich haben Computerspiele im Laufe ihrer Zeit mit die interessantesten Nebenfiguren überhaupt hervorgebracht: Da gibt es künstliche Intelligenzen mit beachtlichen Psychoknacks, wie etwa GLaDOS („Portal") oder S.H.O.D.A.N. („System Shock"), toughe Begleiterinnen wie Morrigan („Dragon Age") oder Alyx („Half-Life 2"), viele grenzgestörte Antagonisten und eine Reihe von cleveren, interessanten und unprätentiösen Kinderfiguren, etwa Clementine („The Walking Dead"), Elizabeth („BioShock Infinite") oder Ellie („The Last of Us").

„Ideal ist es, wenn der Spieler nach dem Durchspielen 95 % des Spiels gesehen hat, aber das Gefühl hat, es seien nur 50 % gewesen."

Am Umgang mit Charakteren zeigt sich, dass Computerspiele anderen Gesetzmäßigkeiten folgen als Bücher oder Filme. Da muss erst einmal experimentiert werden, da müssen Fehler gemacht und Sackgassen ausgelotet werden. Die Menschheit hat zwar Tausende Jahre Erfahrung, wenn es um das lineare Erzählen von Geschichten geht, die Möglichkeit, nicht-lineare Geschichten mit Hilfe eines Computers zu erzählen, gibt es dagegen erst seit einigen Jahrzehnten. „Die große Herausforderung besteht eigentlich

Christian
Schiffer

*Erdbeeren oder
Gnocchetti – Wie
Computerspiele
Geschichten
erzählen*

darin, die Interaktivität des Mediums zu nutzen", sagt der Gamedesigner Jan „Poki" Müller-Michaelis, der unter anderem die Story
zum Grafikadventure „Edna bricht aus" geschrieben hat. Grafik-
adventures muss man sich ein bisschen vorstellen wie virtuelles
Puppentheater: Der Spieler schaut auf den Bildschirm und steuert
die Figuren, als wären sie kleine Schauspieler und löst Rätsel. Das
Grafikadventure ist ein Genre, das sehr storygetrieben ist und das
sich deswegen gut zum Erzählen eignet. Müller-Michaelis sagt:
„Wenn man über Computerspiele redet, dann redet man eigentlich über einen Bereich, der ist so breit gefächert, als würde man
über Print als Medium reden. Es gibt Rätselhefte, Werbung,
Anleitungen, aber eben auch Romane, Kurzgeschichten oder
Comicbücher."

Das Genre bestimmt zum Teil auch, wie viel Handlungsfreiheit ein Spieler hat. In manchen Ego-Shootern kann man sich
gerade einmal entscheiden, ob man nach einem Schusswechsel
links oder rechts abbiegen möchte. Doch es gibt auch Actionspiele,
in denen man weitläufige Städte erkunden kann oder Aufbau-
spiele, in denen die Möglichkeit besteht, eine Stadt nach seinem
Gusto zu bauen, zum Beispiel ohne Parks und Schulen, dafür mit
umso mehr Polizeistationen und Fußballstadien.

Computerspiele können den Spieler vor schwerwiegende
moralische Entscheidungen stellen. Computerspiele können es
dem Spieler aber auch ermöglichen, im Fantasyspiel „Skyrim"
2500 Käseräder von einem Berg herunterrollen zu lassen, wie ein
Video bei YouTube zeigt. Doch Freiheit macht verdammt viel Arbeit. Je mehr Optionen der Spieler hat, umso mehr Antworten
müssen die Gamedesigner finden. Beispielsweise in den Dialogen:
Nimmt ein Drehbuchschreiber Handlungsfreiheit wirklich ernst,
muss er Hunderte von Dialog-Varianten schreiben. 200.000 Dia-
logzeilen mussten allein für das Online-Rollenspiel „Star Wars:

The Old Republic" aufgenommen werden, das Skript enthält, laut dem Hersteller, somit ungefähr so viele Wörter wie über vierzig Romane. Was für Dialoge gilt, gilt auch für den Plot: Viele Videospiele haben mehrere mögliche Enden.

In einem Computerspiel erlebt jeder Spieler sein ganz persönliches Abenteuer. Das ist faszinierend, bedeutet aber auch, dass man einen Großteil der Arbeit der Drehbuchschreiber nicht mitbekommt. Wer in „Fallout 3" die Atombombe hochgehen lässt, wird niemals den überschwänglichen Dank des Sheriffs nach der Entschärfung hören, wird dann aber auch niemals den spektakulären Atompilz sehen – es sei denn, er fängt noch einmal von vorne an oder schaut sich das Ganze bei YouTube an. Je mehr Freiheit man dem Spieler ermöglichen möchte, umso mehr Variablen gibt es, umso größer ist der Aufwand.

Computerspiele arbeiten deswegen mit Tricks, um die Illusion der Entscheidungsfreiheit aufrecht zu erhalten. „Ideal ist es, wenn der Spieler nach dem Durchspielen 95 % des Spiels gesehen hat, aber das Gefühl hat, es seien nur 50 % gewesen", lautet eine der Regeln, die der legendäre Gamedesigner Jordan Mechner aufgestellt hat. Es könnte also durchaus sein, dass ein Entwickler es dem Spieler überlassen würde, Gustav von Aschenbach venezianische Gnocchetti essen zu lassen und Aschenbach dann aber trotzdem stirbt – diesmal an einer Salmonellenvergiftung.

„Einzelpersonen können heute aus ihren Erfahrungen Spiele machen, Spielentwicklung wird immer persönlicher."

Oft wird die Freiheit des Spielers allerdings ganz offensichtlich beschnitten: Durch merkwürdige Straßensperren etwa, durch eingestürzte Gebirgspässe oder durch das störrischste Hindernis in der Geschichte der Videospiele: Einen morschen alten Holzzaun, der seit jeher in vielen Ego-Shootern vorkommt und der auch für den durchtrainiertesten Marine ein absolut unüberwindliches Hindernis darstellt. So wirken die Computerspielwelten zwar groß, in Wirklichkeit lässt sich dann aber doch nur ein kleiner Teil davon erkunden. Das ist einer der Gründe, wieso

Christian
Schiffer

Erdbeeren oder
Gnocchetti – Wie
Computerspiele
Geschichten
erzählen

Spiele recht gerne auf Inseln oder in Raumschiffen spielen: Ein paar Tausend Quadratkilometer Wasser oder Vakuum drum herum sind eine glaubwürdige und zugleich recht robuste Begrenzung der Spielwelt.

Eine Insel ist auch der Schauplatz von „Dear Esther", genauer gesagt eine Insel, die zu den Schottischen Hebriden gehört. Der Spieler findet sich in einer finsteren Nacht wieder, nur der Mond scheint durch den wolkenverhangenen Himmel. Der Wind peitscht Wellen an die Küste. In dieser Umgebung geht der Spieler einen schmalen Pfad entlang. Jawohl, er geht. Er rennt nicht. Er springt nicht. Er kann nichts anfassen, aufheben oder öffnen. Er kann nicht schießen. Es gibt keine Dialoge, keine Rätsel, keine Figuren, keine Gegner. „First Person-Walker" nennt man Spiele wie „Dear Esther" und solche Games zeigen, wie groß der Hunger im Medium Computerspiel ist, neue Wege zu beschreiten. Statt einer detaillierten Handlung gibt es hier unzusammenhängende Erzählstränge, kryptische Andeutungen, Fragmente. „Dear Esther" verhüllt mehr als es zeigt, es ist ein Stück digitale Poesie.

Das Spiel wurde von den Kritikern hochgelobt und erstaunlicherweise war dieses experimentelle Stück interaktiver Kunst auch kommerziell erfolgreich. „Viele Spiele servieren dem Spieler mundgerecht jedes bisschen Information, jeden Teil der Story. Jeder Aspekt wird detailliert erklärt, jeder Stein wird umgedreht. Die Idee hinter ‚Dear Esther' war, auszuprobieren, wie viel Story über die Umgebung erzählt werden kann, ohne dass der Spieler total verwirrt ist", sagt Robert Briscoe, der Schöpfer von „Dear Esther". Sein Werk ist ein gutes Beispiel für die wachsende Indie-Gameszene. Früher war die Produktion eines Computerspiels nur etwas für Eingeweihte. Ohne umfangreiche Programmierkenntnisse kam man nicht weit. Heute gibt es viele Programme, die einem diese lustige Arbeit abnehmen. Das senkt die

Einstiegsschwelle, demokratisiert die Produktionsmittel. Hinzu kommen die neuen Vertriebsmöglichkeiten über das Internet. „Einzelpersonen können heute aus ihren Erfahrungen Spiele machen, Spielentwicklung wird immer persönlicher", sagt dazu der Kulturwissenschaftler Christian Huberts. So wie in der Musik oder im Film, rütteln diese unabhängigen Entwickler das Medium auf und pfeifen auf kreative Konventionen. Statt bei großen Konzernen immer und immer wieder dieselben Spiele zu machen, möchten sie ihre eigenen Ideen verwirklichen.

Die Lösung des Fledermausproblems?

Vander Caballero zum Beispiel hatte jahrelang bei dem Computerspiele-Giganten Electronic Arts alle möglichen Blockbuster produziert. Letztes Jahr konnte der gebürtige Kolumbianer dann mit „Papo & Yo" endlich sein eigenes Spiel machen. Darin verarbeitet der Gamedesigner seine Kindheit, sein Vater war Alkoholiker: „Jedes Mal, wenn es schwierig wurde, setzte ich mich vor den Fernseher und begann wieder zu spielen. In ‚Super Mario' geht es darum, stundenlang zu spielen, um ganz am Ende den Bowser zu besiegen. Wenn man ihn besiegt hat, dann nur, weil man stundenlang damit verbracht hatte, ihn zu bekämpfen. In der Realität ist das aber anders: Es gibt hier Situationen, die man eben nicht dadurch lösen kann, dass man kämpft, oder dass man eine Pistole abfeuert." Im Zentrum von „Papo & Yo" stehen ein kleiner Junge und ein Monster, ein Monster, das hilfsbereit ist, manchmal aber auch aggressiv wird und einen bedroht. „Papo & Yo" ist ein klassisches Jump & Run mit kleinen Rätseln. Schon hundertmal dagewesen. Und dennoch vermittelt es einen Eindruck davon, wie es sich anfühlen muss, einen Menschen zu lieben und gleichzeitig zu hassen.

In Werken wie „Papo & Yo" wird das Potenzial von digitalen Spielen deutlich, denn bislang gilt das, was der Erkenntnisphilosoph Thomas Nagel in seinem berühmten Essay „What Is it Like to Be a Bat?" beschrieben hat: Wir können uns nicht vorstellen, wie es ist, eine Fledermaus zu sein, weil wir keine Erfahrungen

Christian
Schiffer

Erdbeeren oder
Gnocchetti – Wie
Computerspiele
Geschichten
erzählen

machen können, die jenen von Fledermäusen gleichen, wenn sie die Außenwelt erfassen.

Bislang gibt es keine Fledermaussimulatoren. Es gibt aber bereits erste Experimentalspiele, in denen beispielsweise das Schicksal von Flüchtlingen oder ein Tag von Anne Frank erfahrbar gemacht wird. Es gibt Programme, die zeigen, wie ein Autist seine Umgebung wahrnimmt, und ein polnisches Team arbeitet an einem Spiel, das den Überlebenskampf einer Familie im Bürgerkrieg schildert. Für solche Produktionen muss man vielleicht bald einen besseren Begriff finden als „Spiel", aber sie werden eng verwandt sein mit dem, was heute als „Computerspiel" bezeichnet und bislang nur selten als Medium verstanden wird, das das Potenzial in sich birgt, die Welt vielleicht ein bisschen anständiger zu machen.

In Büchern kann man über Leid lesen, in Filmen kann man es sehen. Interaktive Erfahrungen können darüber hinaus den Menschen eine Idee davon geben, was es bedeutet, Leid zu erfahren. Das könnte die menschliche Empathie fördern. In dem 2011 erschienenen vieldiskutierten Bestseller „Gewalt: Eine neue Geschichte der Menschheit" beschreibt der US-amerikanisch-kanadische Evolutionspsychologe Steven Pinker, wie die Verbreitung von Büchern nach der Erfindung der Druckerpresse und die Alphabetisierung dazu beigetragen haben, zwischenmenschliche Gewalt zu verringern. Die Menschen konnten endlich lesen, wie es anderen, völlig unbekannten Menschen erging. Das beflügelte die Kräfte der Aufklärung und der Vernunft. Computerspiele und interaktive Erfahrungen könnten uns dabei helfen, uns noch besser in andere Menschen einzufühlen, und das wiederum könnte einen weiteren zivilisatorischen Schub auslösen. Und vielleicht geben uns Spiele eines Tages auch die Möglichkeit, endlich zu begreifen, warum Gustav von Aschenbach auf die dumme Idee kam, überreife Erdbeeren zu essen. ∎

Ulrike Draeser

Der Wolf I

Gespielt wird aus der Perspektive eines Wolfes, der als Welpe aus dem Rudel ausgestoßen wird / das Rudel verliert und sich allein durchschlagen muss.

Die Besonderheit des Spiels besteht in der Umsetzung der Wolfsperspektive in Bilder, Wahrnehmung und Bewegung. Großartig wäre, wenn das Spiel das Körpergefühl des Wolfs vermittelte. Wie bewegt sich ein Wesen auf vier Beinen mit einer Augenhöhe etwa 50 Zentimeter über dem Boden? Da der Wolf anfangs noch jung ist, könnte diese Augenhöhe sich im Lauf des Spiels verändern. Wölfe, denen der Wolf begegnet, wären ihrerseits unterschiedlich groß; ebenso würden Bäume, Felsen, Menschen aus dieser Perspektive auf Wolfsweise gesehen: also relativ unscharf. Und wie sähe die Farbigkeit aus? Zugleich würden sich Informationen vor allem über das Gehör vermitteln und über den Geruchssinn. Das Spiel könnte – auch – eine lustvolle Hörschule darstellen: Woher kommt ein Geräusch, was genau ist es?

Ludwig Wittgenstein behauptet: „Wenn ein Löwe sprechen könnte, wir könnten ihn nicht verstehen." Der Satz ist anschaulich und einprägsam, doch was heißt er? Die philosophy of mind setzt sich damit auseinander: Könnten wir den Löwen nicht verstehen, weil er, selbst wenn er unsere Sprache spräche, aus seiner völlig anderen Lebensform heraus spräche? Bestimmt von seiner Körperlichkeit und ihren Sinnesdaten? Alles, was der Löwe sagte, stammte notwendig aus der Wahrnehmungsweise des Lebewesens Löwe. Thomas Nagels Aufsatz von 1974 „What Is it Like to Be a Bat?" spricht hier von einer unüberbrückbaren Differenz. Auch wenn wir die Gehirndaten einer Fledermaus lesen können, die bei Echolotung entstehen, so bedeutet dies, so Nagel, keineswegs, dass wir verstehen, „what it is like", eine Fledermaus zu sein.

Eben hier eröffnet sich das Spielfeld: What is it like to be a wolf? Der Mensch gilt als das empathische Wesen schlechthin.

Können wir uns vorstellen, wie es sich anfühlt, als Wolf zu (über)-leben? Wie weit kommen wir hinüber in seine Welt? Ein Computerspiel scheint das ideale Medium zu sein, um hier neue Wege zu gehen. Grenzen von Vorstellung und Erfahrung lassen sich verschieben.

Die zu erzählende Geschichte sollte so entwickelt werden, dass neben Bewegungen und Sinnesdaten des Wolfes auch das Wechselspiel von Instinkt und Reflexion inszeniert wird. Wölfe und Hunde haben eine Vorstellung von ihrer eigenen Identität, sie verfolgen Pläne, erinnern sich, unterscheiden andere Individuen und sind dazu in der Lage, relativ komplizierte Sozialregeln umzusetzen. Anders als Menschenaffen sind Hunde auch dazu in der Lage, die (menschliche) Zeigegeste zu erlernen. Ihr Leben beruht, dem unseren ähnlich, auf Kooperation und Kommunikation. Am Beispiel des Wolfes und seiner Geschichte ließe sich auch unser Handeln zwischen Vernunft und Instinkt, Reflex und Verzögerung beleuchten. Verschiedenste Szenarien sind denkbar: zum einen Geschichten nur unter Wölfen, spielbar auf verschiedenen Levels. Zum Kennenlernen: Ein Rudel muss einen harten Winter überstehen. Auf der nächsten Stufe, wenn man schon einiges über Wölfe weiß: Ein kleiner Wolf verliert, zum Beispiel in einem Schneesturm, den Anschluss an sein Rudel, überlebt, bricht in die neue Welt auf, lernt. Weitere Stufen: Begegnungen mit Menschen kommen hinzu. Der Wolf verletzt sich und findet einen Menschenfreund. Die beiden trennen sich wieder, der Wolf findet ein neues Rudel oder gründet ein eigenes. Er begegnet dem Menschen als Jäger wieder. Der Wolf muss sich entscheiden zwischen seinem Rudel und der alten Verbindung mit dem Menschen. Wie reagiert das Wolfsrudel als Kollektiv, wie der Mensch?

Aus Sicht des Wolfes verhalten Menschen sich höchst seltsam; für den Spieler entwickelt sich eine doppelte Perspektive: Er sieht die Merkwürdigkeit mit den Augen des Wolfes, weiß sie aber zu deuten. Wer Menschenverhalten klug voraussagen kann und sich gut in die Perspektive und Möglichkeiten des Wolfes hineindenkt, kommt weiter.

Erzählt würden, von beiden Seiten her, Überlebensdramen. Erzählt werden kann, dank des Wolfes, von unserer Angewiesenheit auf Kooperation (die Anwesenheit des Rudels) und von den Möglichkeiten, „Wirklichkeit" nach anderen Regeln und Wichtigkeiten herzustellen. ■

Céline Minard

Reise nach Klein-Garabannien ■

Bei diesem Spiel gilt es, in eine Welt einzutauchen und den Raum zu erkunden, der darin die Hauptrolle spielt. Durch ihn führen ein Stab und die Spielerfigur, die ihn bedient.

Zu Beginn des Spiels ist der Raum sehr offen, weitestgehend undefiniert, abstrakt.

Die Spielerfigur, die grafisch ebenfalls sehr schlicht gehalten ist, fängt an, ihren Stab auszuprobieren. Intuitiv. Weil es nichts anderes zu tun gibt und der Raum kaum angedeutet ist: hier und da ein paar Reliefs, keine besonderen Merkmale.

Wenn der Spieler den Stab ausprobiert, nimmt der Raum konkretere Form an, wird quasi durch ihn erschaffen. Berührt er bestimmte Zonen, tun sich Höhlen auf, entstehen Blasen und steigen ganze Gebirgsketten auf.

Mal lässt der Stab nur ein winziges Landschaftsdetail entstehen (eine Pflanze, eine Mücke, ein Becken) und mal etwas unermesslich Großes (einen Ozean, einen Vulkan, einen Abgrund).

Der Spieler kann sensible Zonen auf unterschiedliche Weise berühren: indem er den Stab zwischen den Händen dreht, als wollte er Feuer machen, indem er auf die Erde schlägt, indem er kleine Wellen, Kreise, Vielecke oder einfach unbestimmte Formen in die Luft zeichnet. Jeder dieser Armbewegungen entspricht ein spezifisches Merkmal oder eine besondere Textur des Raums. Es gibt klebrige, weiche, harte, vereiste, glitschige, pappige, ätherische, pulverige Räume. Und für jeden Typ Raum gilt es, eine passende Form der Fortbewegung zu finden.

Der Spieler muss die verschiedenen Bewegungsmöglichkeiten, die der Stab ihm bietet, selbst entdecken. Natürlich kann er sich ohne dessen Hilfe fortbewegen (indem er geht), aber der Stab eröffnet ihm weitere Optionen. Wenn man darauf reitet, fliegt er zuweilen. Man kann damit durch eine zähe Masse rudern. Der Stab kann sehr lang werden und so lassen sich mit ihm der

Grund des Ozeans und die Decke des Himmels abtasten. Wenn man ihn sehr schnell über dem Kopf rotieren lässt, dient er als Hubschrauber. Er kann auch zum Stabhochsprung eingesetzt werden. Legt man ihn quer, verhindert er, dass man in einen Brunnen fällt. Wenn man bis zum Hals in einer klebrigen Masse versinkt, braucht man mit dem Stab nur ein paar Stampfbewegungen zu vollführen, damit Luft hineinfließt, und schon kann man sich daraus befreien. Es gibt verschiedene Aufstütz-Techniken, durch die das Gehen entweder stark beschleunigt wird oder in einer Drehbewegung mündet.

Abgesehen von seiner Grundfunktion, die Bewegung zu unterstützen, kann der Stab aber noch viel mehr. Je deutlicher sich die Landschaft herausbildet, desto mehr Nutzungsmöglichkeiten des Stabs treten zutage. Mit ihm kann der Spieler seine Kinesphäre verteidigen, er dient als Angelrute, als Baseballschläger, als Nagelzieher, als Regenschirm, vorausgesetzt man hält ihn bei Regen auf die richtige Weise hoch, als Quirl (auch für Seen und Wolken), als Wühlstab (um dicke Würmer und allerlei Arten von Wurzeln zu finden).

Der Spieler kann Teile des Stabs abnehmen, doch kehren sie wie ein Bumerang wieder.

Er kann sich darauf stützen oder darauf ausruhen, ein günstiger Ersatz fürs Schlafen. Und wenn er einem Lebewesen begegnet, kann der Spieler seinen Stab nach ihm ausstrecken und mit ihm in Kontakt treten. Denn er wird Lebewesen begegnen. Während sich die Landschaft immer deutlicher herausbildet, sieht man verschiedenste Gebäude, Strukturen und schließlich Lebewesen auftauchen, die nicht weniger vielfältig sind und in ihr wohnen – oder auch nicht.

Die Reaktion der Wesen auf die Kontaktaufnahme gestaltet sich je nach Art und Kultur unterschiedlich. Die Egaliten zum Beispiel erröten bei einer etwas nachdrücklicheren Berührung durch den Stab, und der Spieler kann mit ihm auf ihren Körpern zeichnen. Die Zeichnung bleibt einige Zeit sichtbar und bereitet ihnen Vergnügen, denn die Egaliten haben Sinn für flüchtige Aufmachungen.

Wenn der Spieler seinen Stab hingegen etwas zu abrupt den Panoten entgegenstreckt, rollen sie sich zu einer Kugel zusammen und nehmen Reißaus. Aber wenn er es vorsichtiger anfängt, lösen sie ihre Ohren vom Körper, den sie damit ganz einhüllen, und halten ihm mit ihren verkümmerten Händen splitternackt ihren kleinen Stab hin. Wenn beide Stäbe sich berühren, laden sie den Spieler ein, ihre Häuser zu besichtigen, die sehr schön sind.

Der jeweilige Raumtyp, in dem die verschiedenen Wesen leben, prägt ihre Gewohnheiten und Kulturen. Es gilt, den Charakter, die Neigungen und die Bräuche jeder Gruppe zu entdecken (es gibt auch aggressive unter ihnen).

Aber der Spieler ist nicht gezwungen, Begegnungen zu machen. Er kann sie meiden. Die Flora, die Fauna und die Aktivitäten des Raumes selbst können einem kontemplativen Spieler genügen.

Solange er seinen Stab hat, kann sich der Spieler mit ein wenig Geschick und Nachdenken aus jeder Situation befreien. Wenn er ihn hingegen verliert, oder wenn er ihm gestohlen wird (was durchaus vorkommen kann, weil bei den Oniglopen beispielsweise der Diebstahl ein Zeichen dafür ist, dass man den Fremden willkommen heißt und die Gruppe sich bei guter sozialer Gesundheit befindet), schwebt er in Gefahr. Er stirbt zwar nicht, kann aber fast nichts mehr machen außer gehen.

In dieser Phase des Spiels, die nicht zwangsläufig eintreten muss, wird der Spieler tendenziell versuchen, einen neuen Stab zu finden. Dazu stehen ihm mehrere Möglichkeiten offen:

Ihn jemandem stehlen (das erfordert Geschick), ihn selbst herstellen (das ist sehr mühsam), ihn vom Baum der Stäbe pflücken, der erst ausfindig gemacht werden muss (nicht ganz einfach, wenn die Früchte noch nicht reif sind) oder ihn beim großen Fest des Stabes während eines Trampolinwettbewerbs gewinnen.

Es gibt keinen anderen Sinn oder Zweck dieses Spieles als den der Reise. Zu diesen Erkundungen angetrieben wird der Spieler durch die Neugierde, aber auch durch den Genuss, der visueller, kinästhetischer und geistiger Natur ist. Der Spieler kann nach einer Weile einfach aufhören, er kann sich aber auch akklimatisieren und in einer Gruppe, in einer Wüste niederlassen oder sich in seiner eigenen Bewegung einrichten. ∎

Interview mit Patrick Rau

Wie entsteht ein Computerspiel?

Sie haben eine Idee für ein Computerspiel: Wen holen Sie dazu, um sie umzusetzen?

Im Prinzip alle. In der ersten Phase, der Preproduction- oder Prototypenphase, hole ich alle dazu, das gesamte Team, in unserem Fall zwölf Leute. Alle sollen mitsprechen, mitdenken und sich einbringen. Das machen natürlich nicht alle gleichermaßen, aber die Idee wächst und wir sitzen da alle in einem Boot und peilen einen Kurs an. Jeder steht hinter dem Projekt und arbeitet mit Begeisterung mit. Bei kleineren Firmen gehört das dazu.

Wer ist denn das Team, welche Gewerke sind gefordert? Welche Aufgaben müssen erledigt werden?

Es gibt die inhaltliche Konzeption, die wird in der Spielebranche als Gamedesign bezeichnet, das ist etwas irritierend, in anderen Kreativbranchen heißt das einfach Konzeption. Die ist natürlich federführend verantwortlich für das Gamedesign. Dann gibt es natürlich die Design-Abteilung, je nach Spiel 2-D- und 3-D-Artists. Dann die Programmierung. Und natürlich noch Sound und Musik, das kommt aber meist ein bisschen später ins Spiel, wenn viele Sachen schon konkret sind. Im Falle von kunst-stoff ist die Programmierung schon früh dabei, weil die mitplanen muss und auch

aufgefordert ist, kreativ zu arbeiten. Dann hängt es vom Individuum hab, wie sehr sich ein Lead-Programmierer oder Senior-Programmierer einbringen möchte, in unserem Fall sind sie recht fit. Die sind ja permanent auf der Suche nach Lösungen, was auch ein kreativer Prozess ist. Sie behaupten zwar, dass sie nicht kreativ seien, dabei sind sie schwer kreativ.

Sie haben gesagt, die Konzeption wird zu Papier gebracht – was steht denn in diesen Konzepten?

Für mich gibt es keine konkrete Form für ein Gamedesign-Dokument. Ich habe schon sehr visuelle Gamedesign-Dokumente gemacht, bei denen ich das Gefühl hatte, ich kann das besser erkennen, wenn ich mit Schaubildern arbeite, und ich habe auch Gamedesign-Dokumente gemacht, die rein textbasiert waren, ein Word-Dokument, in dem ich alles runtergeschrieben habe. Faktisch ist das ein sehr lebendiger Vorgang, der nie wirklich abgeschlossen ist, bis das Spiel fertig ist, da wird immer weiter gepflegt und erweitert und ausgebaut. Es sollte natürlich so konkret wie möglich sein, da würde sich auch ab einem bestimmten Punkt die Programmierung sehr drüber freuen, da die nämlich am meisten drunter leiden, wenn sich ständig etwas verändert, aber so ist es eben manchmal. Man braucht ein solides Gamedesign, eine solide Basis, um starten zu können, aber definitiv wird sich einiges noch weiter entwickeln und auf diesen Prozess muss sich jeder im Team einlassen.

Steht denn da eine richtige Geschichte?
Es ist eine Mischung aus Dramaturgie, Narration und auch Mechanik; dahinter verbirgt sich ein Regelwerk, die Spielmechanik, die an die Geschichte auch angeknüpft ist und sich ein Stück weit in ihr begründet. Gamedesign beinhaltet auch die Entwicklung einer Art von Exposition, in der die ersten zehn, fünfzehn Minuten eines Spiels beschrieben werden, wie man in das Spiel hineinkommt, das entspricht dem Aufbau der Dramaturgie in der Literatur. Die Exposition ist ganz wichtig für ein Spiel, der Spieler entscheidet innerhalb kürzester Zeit: Spiele ich das Spiel weiter oder nicht? Wie beim Buch: Lese ich weiter oder nicht? Beim Buch hat man den Klappentext, die Beschreibung, beim Spiel das sogenannte High-Level-Konzept, das auch als Grundlage für einen Vertrag zu einer Produktion entworfen wird.

Was genau ist das High-Level-Konzept?
Das ist eigentlich eine Zusammenfassung des konkreten Inhalts, da wird der Plot, die Story beschrieben, das Regelwerk, der Inhalt, die Ästhetik.

Ist denn die Geschichte in diesem Konzept auserzählt? Oder ist es so, dass Sie im Entwicklungsprozess feststellen, dass man noch etwas verändern muss, sodass am Ende etwas anderes rauskommt?
Ich glaube, da muss man zwischen den Spieletypen differenzieren. Ich spreche übrigens von Typen, nicht von Genres, das verwechselt man oft. Typen wie so etwas wie Adventure Game, Jump 'n' Run. Genres sind so etwas wie Western oder Krimi. Genau dasselbe wie in der Literatur. Viele sprechen, wenn sie Ego-Shooter oder Jump 'n' Run meinen, von Genres, aber eigentlich sind das Spieletypen. Narrative Spiele findet man am häufigsten unter den Adventure Games, auch in anderen Typen, aber ich denke, wenn man von einer Adventure-Game-Produktion ausgeht, da ist ja in Deutschland die Firma Daedelic

ganz vorne mit dabei, da gehe ich schon davon aus, dass die ihren Plot von A bis Z durchdeklinieren oder zumindest zu achtzig Prozent, um dann ökonomisch arbeiten zu können. Die Szenen sind bestimmt zu achtzig, neunzig Prozent festgelegt. Dann wird das Spiel natürlich lebendig und man merkt, dass irgendwo noch etwas hinkt und nicht optimal läuft, und dann werden sie bestimmt noch Änderungen vornehmen. Das ist wie beim Film, da werden ja auch Szenen geschnitten und nachträglich verändert.

Man könnte kein Spiel entwickeln, wenn man kein fertiges Drehbuch hat.
Von der ökonomischen Seite aus sicherlich nicht, andererseits gibt es ja beim Theater auch Improvisationstheater, wo das Publikum mitarbeitet. Faktisch wäre das schon möglich.

Aber beim Improvisationstheater ist ja von vornherein alles bezahlt. Das Ökonomische leuchtet mir schon ein. Das mit dem Gamedesign habe ich jetzt verstanden. Sie haben von der visuellen Gestaltung gesprochen. Wenn Sie die beschreiben, wie machen Sie das? Nach dem Motto: „Das sieht so aus wie …", oder „ist angelehnt an …"?

Das hängt vom Spieletyp ab, von der Zielgruppe, ob es Casual Player oder Gamer sind, von den Plattformen, da gibt es starke Unterschiede.

Was ist ein Casual Player?
Casual beschreibt kurzzeitige Spielsessions zwischendurch, überall, in der U-Bahn, zu Hause, oder – noch besser – während der Arbeit. Das ist in der Regel eine ältere Zielgruppe, von ungefähr 25 bis 50, weit gestreut, Männer und Frauen. Diese Zielgruppe muss man natürlich anders abholen als den Hardcore-Konsolenspieler, der 60 Euro für einen Titel ausgibt und dann mehr oder weniger am Stück tausend Spielstunden da reinsteckt. Die Wahl des Designs basiert sowohl auf der Plattform als auch auf der Zielgruppe. Die Plattform geht ja auch mit technischen Einschränkungen einher: Was kann ich überhaupt abbilden? In Echtzeit, 3-D? Wie nah komme ich an die Realität? Ist das eher knuffig, 2-D, süß und niedlich oder hat es einen total düsteren, fotorealistischen Look? Das sind Dinge, die man eigentlich logisch ableiten kann. Natürlich kann man dem Ganzen einen individuellen Duktus verpassen, und das versucht jeder anspruchsvolle Designer oder Artdirector, um sich abzugrenzen, aber man hat schon eine Richtung, in die es geht und die kann man konkret

beschreiben und auch Beispiele nennen, was vergleichbare Spiele sind. Ich habe öfters mit der Doku-Film-Szene in Berlin zu tun, wir arbeiten auch recht eng mit einem Filmer zusammen, da fand ich es total spannend, wie sie einen Trailer für eine aktuelle Produktion gemacht haben, ein neues Projekt, das noch in der Frühphase war, wo es noch darum ging, Partner oder Sender zu finden, Förderungen zu beantragen. Die haben einen Trailer aus verschiedenen Schnipseln anderer Filme zusammengeschnitten, die ästhetisch und dramaturgisch zusammengepasst haben, das hat sehr gut funktioniert, der Ton wurde weggelassen, Sprecher und Musik drübergelegt und es sah schon aus wie ein fertiges Produkt.

Das war eine Collage aus existierenden Produkten. Das ist in der Spielebranche auch so. Die Arbeit eines Designers ist es ja auch, Moods zusammenzustellen; man macht ein Moodboard, das man sich an die Wand hängt, um den Personen, mit denen man darüber spricht, ein Bild davon zu geben, was man vorhat.

Wir haben jetzt das Game-design und die Visuals besprochen. Was machen denn die Programmierer?
Die erste Herausforderung ist die Auswahl der Spieletechnologie, der Spiel-Engine, da gibt es ja verschiedene Produkte, je nach Plattform.

Was genau ist die Plattform? Ist das das Gerät, auf dem gespielt wird?
Ja, das ist im Prinzip die Hardware, die natürlich aber auch in Verbindung zur Software steht. Ein Spiel für einen Desktop-PC, was über den Browser läuft, ist natürlich etwas anderes als ein Spiel, das downloadable ist, das man installiert und als .exe-Datei ausführt. Das sind zwei verschiedene Paar Schuhe.

Im Prinzip gibt es aber für jede Situation schon eine Basis-Software. Es gibt natürlich Studios, die ihre eigene Technologie entwickeln, wir haben auch eine Zeitlang mit eigener Technologie gearbeitet. Das hat viele Vorteile, aber auch viele Nachteile, da man teilweise viel Zeit braucht, um gewisse neue Features einzubauen, die auf dem Markt notwendig sind, gerade im Mobile-Bereich. Eigene Technologien zu haben, ist ziemlich schwierig, weil es viele verschiedene Geräte gibt. Wenn Software-Updates kommen, müssen die aktualisiert werden und wenn man das alles selber macht, wird man schier wahnsinnig. Wenn es aber eine professionelle Engine ist, die sich darauf konzentriert, kriegt man das Update geschickt und kann sich auf sein konkretes Spiel konzentrieren.

Die Engine stelle ich mir vor wie einen riesigen Werkzeugkasten, wo alles drin ist, um das Spiel zu bauen?
Genau.

Kann ich da Möwen fliegen lassen, Figuren und Landschaften gestalten? Was kann ich mit der Engine alles machen?
Eine 3-D-Engine hat einen Level-Editor, der hilft einem, die Umgebung zu bauen, eine Topographie zu erstellen, eine Vegetation zu bauen, oder Figuren sich bewegen zu lassen, Fahrzeuge fahren zu lassen, Wetter, Klima, Licht zu bestimmen. Es ist ein Werkzeugkasten, den der Programmierer aber an vielen Ecken und Enden verändern und weiterentwickeln kann. Vor allem geht es darum,

die eigene Game-Logik, das Spielkonzept, da unterzubringen. Und dann wird zwischen verschiedenen Bereichen differenziert: Es wird die Core-Game-Logik programmiert, das Interface ...

Was ist die Core-Game-Logik?
Das Kernspielprinzip.

Was sind das für Prinzipien?
Das hängt vom Spielkonzept ab. Bei der Core-Game-Logik von The Great Jitters: Pudding Panic geht es darum, Weichen zu stellen, Schienenstücke auszutauschen und verrückte Waffen zu aktivieren, um Monster zu erschrecken. Das muss programmiert werden, dann steht die Logik fest und der Leveldesigner – der steht eigentlich zwischen Programmierer und Designer – kann das Tool, das die Programmierung bereitstellt, verwenden, um damit Levels zu bauen. The Great Jitters: Pudding Panic – ein Pudding bewegt sich in einer Geisterbahn – ist ein Puzzle Game, sprich die Herausforderung besteht darin, dass in jedem Level ein in sich geschlossenes, logisches Puzzle entsteht, was sich auch von den anderen unterscheidet, damit die Motivation aufrechterhalten bleibt. Der Leveldesigner baut das Ganze dann Level für Level zusammen. Wie sieht das Schienennetzwerk aus?

Das überlegt sich nicht der Programmierer, sondern er stellt dem Leveldesigner nur das Tool dafür zur
Verfügung.

*Sie haben gerade ein sehr
interessantes Wort gebraucht:
Motivation. Die Motivation,
weiterzuspielen. Wenn Sie
diese ganzen Entwicklungs-
schritte machen, inwiefern
denken Sie denn da an den
Spieler? Viele Autoren sagen,
sie hätten einen ganz konkreten Leser vor Augen. Wen
haben Sie vor Augen, wenn
Sie das Spiel entwickeln?*
Vor Augen habe ich die Zielgruppe,
für die man das Spiel entwickelt und
den Anspruch, den diese Zielgruppe
hat. Motivation im Spiel entsteht ja,
ganz im Gegensatz zur Literatur, über
ein Belohnungssystem. Ich werde
im Spiel ganz konkret für das belohnt,
was ich geschafft habe. Das ist ein
Unterschied zum Buch, da werde ich
nicht belohnt, wenn ich die nächste
Seite gelesen habe. Die Belohnung in
der Literatur ist die Dramaturgie,
die wachsende Spannung, und vielleicht habe ich auch Vermutungen,

was passieren könnte und die werden
dann bestätigt oder nicht, wie bei
einem guten Krimi. Das hat man beim
Spielen theoretisch auch noch, je
narrativer, je dramaturgischer ein Spiel
ist, desto mehr kann man damit
spielen, jemanden zu motivieren. Aber
vor allem gibt es beim Spiel eben
ein richtiges Belohnungssystem und
das ist eigentlich das A und O, um
den Spieler beim Spielen zu halten.
Das ist die große Kunst des Balan-
cings: Man hat Tausende kleine
Einstellschrauben, und die müssen
extrem genau justiert werden, wie
ein Schweizer Uhrwerk, dass alles
genau stimmt.

Was heißt Balancing?
Das Balancing ist so etwas wie ein
Regelwerk, das aus verschiedenen
Parametern besteht. Anhand von The
Great Jitters: Pudding Panic bedeutet
das: Wie schnell bewegt er sich?
Wie viel Mut verliert er, wenn er von
dem einen oder anderen Monster
erschreckt wird? Wie stark sind die
Waffen? Wie oft muss ich ein be-
stimmtes Monster erschrecken, bevor
es in Ohnmacht fällt? Wie viel Zeit
habe ich für die Aufgabe? Das sind

alles Parameter, die eingestellt werden können. Das wurde am Anfang mal grob festgelegt, auf Papier, und dann wird es anhand von zig Tests verfeinert, und noch einmal getestet, und noch einmal, bis es tickt wie ein Schweizer Uhrwerk.

Meint das also das Maß an Frustration und Erfolg?
Das wäre das Leveldesign. Das Balancing ist relativ global, obwohl man auch individuelle Levels schaffen kann, die individuell gebalanced werden. Was Sie meinen ist die Dramaturgie des Leveldesigns, die eine Kurve beschreibt, dass der Schwierigkeitsgrad langsam ansteigt, die Lernkurve eines Spiels. Das ist auch eine Kunst für sich, für manche ist sie zu steil, für andere zu flach. Da sucht man dann den Königsweg, ist sie zu steil, sind die Leute draußen, ist sie zu flach, ist es zu einfach und macht keinen Spaß. Bei der Lernkurve kann man sagen, jetzt habe ich Level X, das Bosslevel, erreicht, und da steigt natürlich der Schwierigkeitsgrad, sodass es nicht sofort klappt. Um das Level zu meistern, muss der Spieler dann einen neuen Skill entwickeln. Da gibt es übrigens auch ganz spannende Anekdoten, es gibt ja für Spiele auch Tools, um sie zu analysieren, eines davon heißt Flurry, das bauen viele ein. Man verwendet diese Tools nicht, um die Spieler auszuspionieren, aber man bekommt tatsächlich ein Feedback und sieht: Mein Spiel wurde eine Million Mal heruntergeladen, aber nur zehn Prozent sind über Level 8 gekommen – dann weiß man Bescheid, dass da alle hängen bleiben, dass man da etwas machen muss, dass es zu schwer ist. Die Leute von Spaces of Play mit ihrem Spiel Spirits hatten mal vor Jahren in einem Vortrag gezeigt, dass in einem Level alle Leute ausgestiegen sind und so konnten sie es noch optimieren und ein Update rausschicken. Das ist auch interessant: Viele Spiele sind lebendig; sobald sie auf den Markt kommen sind sie zwar live, aber sie sind noch weich, man kann noch daran arbeiten und sie verändern – gerade im Zeitalter der digitalen Distribution, wo man keine CD mehr kauft, wobei man ja auch eine CD patchen könnte.

Wenn das Balancing gemacht und alles von Testspielern getestet wurde, ist das Spiel dann fertig oder was muss final dann noch passieren?
Vielleicht noch so Sachen wie Lokalisierung – die Übersetzung in andere Sprachen.

Wenn Sie in Deutschland ein Spiel entwickeln, überlegen

Sie sich doch im Voraus, in
welchen Ländern das erscheinen soll, oder?
Wir haben uns natürlich schon überlegt, welche Länder wir abdecken,
und dann übersetzen wir am Ende
einfach die Texte. Wir haben so etwas
zwar selbst noch nicht erlebt, aber
es gibt auch Fälle, wo Lokalisierung
nicht nur die Übersetzung von Texten
betrifft, sondern auch von visuellen
Elementen. Manchmal ist das so, wenn
Spiele aus dem asiatischen Raum
nach Europa importiert werden, ich
kenne aber auch einen Fall, bei
dem es in die andere Richtung ging
und sich herausstellte, dass es im
chinesischen Raum problematisch war,
Knochen abzubilden, weil sie heilig
sind. Solche Veränderungen können
noch dazukommen.

Wenn das Spiel lokalisiert
ist, was passiert dann weiter?
Die Meilensteine sind die Alpha-,
Beta-, und Gold-Master-Version. Gold-
Master ist das build, was dann final
zur Verfügung gestellt und zum Beispiel auf CD gepresst oder in den
App-Store hochgeladen wird. Das ist
der letzte Schritt.

Die Alpha-Version ist feature complete,
es sind alle Inhalte drin, können
aber fehlerhaft sein, Bugs enthalten,
man ist noch offen für Veränderungen.
Beta ist die Version, wo diese Fehler
behoben sind, diese Version sollte
eigentlich fertig sein. Das ist die letzte
Runde, in der der Publisher sagt:
Das nehme ich so ab. Und so wird aus
Beta dann Gold-Master gemacht.
Das kommt dann in den Handel, den
man dafür vorgesehen hat. Das ist
ein ziemlich konkreter Fahrplan. Es
gibt noch First Playable, das ist
das Stadium des Gamedesigns vor
Alpha. Man kann auch noch weitere
Meilensteine einfügen, das hat viel mit
der Finanzierung zu tun. Kein Publisher gibt einem für eine Produktion
einen Koffer voller Geld, sondern
das Geld kommt sukzessive.

Sie als Studio entwickeln
ein Spiel und befinden sich
sozusagen an der Stelle
des Autors und der Publisher
ist so etwas wie der Verlag?
Richtig, ja.

Welche Rolle spielt denn der
Publisher?

Die Erstellung eines Spiels über einen Publisher ist eigentlich relativ klassisch, hat sich in den letzten Jahren aber extrem verändert. Der Publisher ist, wie beim Buch, in der Lage, einen Vorschuss zu geben, dieser Vorschuss sollte eigentlich die Produktion des Spiels abdecken, der Entwickler sollte damit zumindest den Selbstkostenpreis, Betriebskosten und Personal zahlen können, um dann das Spiel zu produzieren, dann kann der Publisher es auf den Markt bringen, und wenn es Erfolg hat, kann der Entwickler auch davon profitieren. Das ist das klassische Advances- and Royalties-Prinzip, so wie es früher üblich war. Das hat sich jetzt aber stark verändert. In dieser Zeit sind übrigens die aktuellen Förderinstrumente entstanden. Der Entwickler muss den Publisher überzeugen und der möchte nicht nur ein High-Level-Dokument, sondern sagt: Wir wollen einen Prototypen sehen, wir wollen sehen, wie sich das Spiel anfühlt, wie es aussieht, wir wollen sehen, dass ihr das könnt. Gerade bei jungen, neueren Studios, die noch nicht fünf erfolgreiche Spiele auf den Markt gebracht haben, war das zwingend notwendig. So ist die Prototypenförderung entstanden, was sehr sinnvoll war und uns sehr geholfen hat. Auf dem Wege haben wir die Förderung für unser erstes Spiel erhalten

und sie auch sinnvoll eingesetzt, wir haben einen Prototypen entwickelt für ein Abenteuerlernspiel für Kids, wir haben es mehrfach gepitched und bei Ubisoft, einem der größten Publisher, hat es dann auch gefunkt, und von denen haben wir dann einen Vorschuss bekommen, wir haben das Spiel produziert. Es kam auf den Markt, damals für Nintendo DS. Aber als das Spiel fertig war, war der Markt für Nintendo DS leider im Keller. Die Plattform hat nicht mehr funktioniert, alles hat von der Konsole zum Mobile Device gewechselt.

Ich habe noch eine Frage, wo wir gerade von Geld sprechen: Was ist das Minimum, was ich brauche, um ein Computerspiel zu produzieren, und was ist das Maximum?
Das hängt von der Plattform ab.

Okay, aber ich kann in keinem Fall ein Computerspiel für 150 Euro machen, oder?
Das geht sogar auch. Es gibt ja diese sogenannten Mini-Jams aus der Indie-Szene, wo sich Spieler und Entwickler 24 Stunden zusammensetzen, um ein Spiel zu machen, da können schon mal ungeschliffene Diamanten oder sogar geschliffene Diamanten entstehen, die auch final spielbar sind. Es kommt natürlich aufs Spielprinzip

Patrick
Rau

Wie entsteht
ein Computer-
spiel?

Das Interview
führten
Milena Adam und
Thomas Böhm

an, es gibt ja auch simple Spiele mit
einer hohen Wiederspielbarkeit. Rein
theoretisch könnte das heute jemand
an einem Tag für 55 Euro produzieren.
In der Regel entsteht ein Spiel wie
Tetris aber nicht mal so eben auf einem
Bierdeckel. Das kann schon mal
passieren, das ist aber wie ein Sechser
im Lotto. Wenn man nur ein kleines
Spiel machen will, wo aber inhaltliche
Konzeption dahintersteckt und auch
über das Visuelle, etwa die Spielumgebung, nachgedacht wird, wenn
die Software entwickelt und der Sound
produziert werden sollen, dann bewegen wir uns schnell im fünfstelligen
Bereich, und sobald das Spiel einen
gewissen Umfang hat, wird es dann
sechsstellig. Die ganz großen Produktionen, die sogenannten Triple-A-
Produktionen – das Hollywood des
Computerspiels – bewegen sich
im zweistelligen Millionenbereich. ∎

Mario
Giordano/
Grit
Schuster

Rettet Rapunzel! ▮

*„Es war einmal eine Königstochter, die wusste nicht, was sie an-
fangen sollte vor langer Weile. Da nahm sie eine goldene Kugel,
womit sie schon oft gespielt hatte und ging hinaus in den Wald."*
Der Froschkönig

„Ohne Langeweile kann nichts entstehen."
Pablo Picasso

Die Märchen sind in Gefahr! Auf der Erde sterben jeden Tag nicht
nur Tierarten, Sprachen und widerliche Fruchtbarkeitsriten aus,
sondern auch Märchen! Mit üblen Folgen. Rapunzel, Dornröschen,
Rumpelstilzchen & Co. drohen, für immer zu verschwinden. Es ist
fünf vor zwölf!

Zum Glück existiert noch ein kleiner Rest Märchenland:
Krautburg! Eine Kleinstadt im Thüringischen. Die besondere
Langeweile von Krautburg und ein gewisser genetischer Faktor
(Forscher haben durch DNA-Vergleiche zwischen Krautburgern
und Märchenfiguren eine nicht folgenlose Affäre des tapferen
Schneiderleins mit einer Bäckersfrau vor 430 Jahren nachweisen
können) befähigt bestimmte Krautburger, Märchengestalten zu
sehen.

Und Du bist einer davon!

Nach Krautburg haben sich die letzten Märchenfiguren
zurückgezogen und bangen um ihr Überleben. Doch ohne Deine
Hilfe wird das kaum gelingen. Die Gestalten brauchen Dich, um
wieder zu ihren Märchen zu finden. Oder wenigstens in irgendein
Märchen.

Deine Aufgabe ist es also, die verlorenen Märchenfiguren in Krautburg aufzustöbern, ihr jeweiliges, ganz spezielles Problem zu
erkennen und ihnen dann zu helfen. Die Probleme sind meist

emotionaler Natur. Gar nicht kompliziert. Manchmal sind die Märchenfiguren nur einsam oder fühlen sich missverstanden. Manche haben seltsame Schrullen und Neurosen entwickelt, andere haben schlicht keinen Bock mehr oder haben sich mit anderen Märchenfiguren übel zerstritten. Der böse Wolf ist faul und dick geworden, Rapunzel hat sich eine modische Kurzhaarfrisur machen lassen, der Prinz hat eine Angstneurose, die Hexe will lieber backen, Rumpelstilzchen hat ganz andere Pläne.

Märchenfiguren können ganz schön nervig und zickig sein, aber Du musst sie wieder in die Spur und zurück in ein Märchen kriegen.

Nicht leicht.

Dazu brauchst Du viel Einfühlungsvermögen und manchmal Geduld. Du musst Dich um die Märchenfiguren kümmern, ihnen zuhören, Streit schlichten, mit ihnen arbeiten, sie füttern – oder auf Diät setzen. Je nachdem.

Sobald Du drei Märchenfiguren geholfen hast, bilden sie ein neues Märchen. Und das wird Dir dann erzählt!

Zum Beispiel:
Die Krötenprinzessin.
Das einsame Schaf und die sieben Wölflein
Scharlatan und Lavendel
Der traurige Riese
Der Teufel im Turm
Die goldene Stadt
Flüsschen wasch mich!
Der gestiefelte Wolf
Doktor Gans
Die sieben silbernen Schnecken
Der Riesenzwerg

Das heißt, die Game-Engine baut aus dem Spielverlauf modular ein neues Märchen zusammen, das dann in einer Textversion ausgegeben werden kann. Oder Du erzählst uns Dein Märchen, Deine Erfolgsgeschichte aus Krautburg.

Variante:

Du erhältst die verschwundenen Märchen als Mission, die Du erfüllen musst. Das heißt, Deine Aufgabe ist, die Märchenfiguren wieder soweit in die Spur zu bringen, dass das verschwundene Märchen wieder funktioniert. Dein Fortschritt wird Dir in einer Leiste angezeigt. Bei Grün ist das Märchen wieder vollständig.

Die verschiedenen Missionen werden immer kniffliger.

Du musst auch dafür sorgen, dass ein Märchen, das Du wiederhergestellt hast, von anderen gelesen wird, damit es nicht wieder verschwindet. Es gilt also, mit anderen Spielern zu kommunizieren.

Martin Baltscheit

Die App vom Löwen, der nicht schreiben konnte !

Idee

Der Löwe kann nicht schreiben, aber das stört den Löwen nicht, denn der Löwe kann brüllen und Zähne zeigen, und mehr braucht so ein Löwe nicht. Eines Tages trifft er eine Löwin. Die Löwin liest in einem Buch und ist sehr schön. Der Löwe geht los und will sie küssen, aber dann bleibt er stehen und denkt nach – eine Löwin, die liest, ist eine Dame, und einer Dame schreibt man Briefe, bevor man sie küsst. Aber der Löwe kann nicht schreiben. Also macht er sich auf den Weg zu den Tieren, die ihm einen Brief schreiben sollen.

Das Spiel – Jump and Run mit Lerneffekt

Anders als im Buch „Die Geschichte vom Löwen, der nicht schreiben konnte" wird der Spieler als Löwe auf den Weg zu den Tieren geschickt. Es geht durch den Dschungel, den Fluss, Wüsten etc. Dabei gilt es, einzelne Level zu schaffen, um Buchstaben zu sammeln. Aus den Buchstaben ergeben sich Worte, die auf neue Tiere hinweisen. Zeitdruck entsteht, weil die Löwin, sobald sie ihr Buch zu Ende gelesen hat, fortgeht.

Die Wege, die Parkours, sind ähnlich wie in den Spielen „Badlands" oder „Leo's Fortune" aufgebaut. Ist das nächste Tier erreicht, wird es einen Brief an die Löwin schreiben, der natürlich nicht richtig ist, weil er zu wenige Worte enthält, oder ganz unsinnig ist, was zu einem Tobsuchtsanfall des Löwen führt, der dann trotzdem weitermacht, weil er so verliebt ist. Level für Level, Buchstabe für Buchstabe, Wort für Wort, Tobsuchtsanfall auf Tobsuchtsanfall erreicht der Löwe am Ende die Löwin, die ihm zum Schluss die letzten Buchstaben beibringt und auch das letzte Wort: Liebe.

Die Navigation des Löwen ist klassisch. Zwei Bewegungsrichtungen. Vor und zurück, hoch und runter. Extrafeatures:

Rollen, Springen und: Brüllen! Wenn er brüllt, kann der Löwe den Dschungel zum Zittern bringen, was ihm den ein oder anderen Extraweg eröffnet. Aber das Brüllen kostet natürlich Energie, die durch das Sammeln von Buchstaben gewonnen wird. Das ist keine Angelegenheit von purem Anklicken, sondern der Spieler muss Parkours überwinden, die voller Fallstricke sind: Buchstaben, die sich drehen, die gefangen nehmen, wegstoßen etc.

Die Parkours zwischen den Tieren entsprechen den jeweiligen Ökosystemen. Zum Beispiel: Affen: Wald und Dschungel; Nilpferd: Fluss und Unterwasserwelt; Mistkäfer: Flora und Fauna in Großaufnahme; Giraffe: Baumkronen und Himmel; Geier: Wüste.

Am Ende hat der Spieler auf unterhaltsame Art das Alphabet und ein paar wichtige Worte gelernt, Abenteuer erlebt und kann bei höherem Schwierigkeitsgrad neue Worte erspielen.

Denkbar ist auch, das Spiel zugleich in weiteren Sprachen zu produzieren. Alles in allem ein sehr spielerisches Lernen mit hohem Spaßfaktor, und sollte der Löwe zu sehr brüllen, bricht alles zusammen und wir müssen von vorne beginnen. ∎

Monika Rinck

Mein Gehirn I

O mein Brain, als würdest du schmerzen
und ich es nicht merken, O Du, mein Brain.

Das Spiel, das ich gerne spielen würde, spielt im Gehirn. Ich bewege mich durch seine je nach Modus unterschiedlich visualisierten hochkomplexen Landschaften und Strukturen, durch die Ionen-kanäle der Zellmembran, gleite an 100 Milliarden Neuronen und einer Billiarde Synapsen entlang. Ich besuche den Präfrontalen Cortex, den Gyrus Cinguli, die Amygdala und habe es mit der Spezifik der sich je nach Zeitgeist, Weltanschauung und techni-schem Fortschritt wandelnden Vorstellung dieses psychischen Raumes zu tun: Die Innenarchitektur der Seele, das Chemielabor meiner Empfindung, die Schaltzentrale aller Funktionen, die Überplatine, der unendliche mentale Weltenraum.

Ich aber bin als Hilfstrupp unterwegs. Gewaltige synapti-sche Gewitter im Verlauf einer Migräneattacke stellen für mich eine Gefährdung dar. Und das – was ist das: Burnout oder Neura-sthenie? Droht hier eine Fixierung? Eine Obsession? Was, schon wieder? Wie – immer noch? Setzt Schmerzerinnerung ein? Was wird derzeit im Gedächtnis verhandelt? Wo kann ich präzise in den Gefühlshaushalt eingreifen? Wie kann ich den Gehirnstoff-wechsel beeinflussen? Oder kann ich das gar nicht? Und was geht mit Halluzinogenen?

Ich muss nun, nach dem Auftreten diverser interpretati-onsbedürftiger Störungen, dafür sorgen, dass das hoch adaptive Gehirn funktionsfähig bleibt. Vor allem muss ich meinen Selbst-mord verhindern. Dazu stehen mir je nach Ideologie oder Über-zeugung unterschiedliche Methoden zur Verfügung, von der Psychoanalyse bis zum Cognitive Enhancement, der Einnahme von Drogen und ihrem Entzug; der Überverschreibung von Psy-chopharmaka bis hin zu schamanistischen Praktiken.

Ich kann zwischen verschiedenen Modi wählen, und als Fortgeschrittene werde ich diese Modi sogar miteinander kombinie-ren und gegeneinander einsetzen können. Das könnten Folgende sein:

1. Der neuromolekulare, pharmakologische Modus

Ich experimentiere mit Mitteln, die mir von Lobbyisten wärms-
tens und zuweilen auf sehr lukrative Weise empfohlen werden.
Ich habe mit Nebenwirkungen, bipolaren Folge-Erkrankungen,
unklaren Forschungslagen und Absetz-Schwierigkeiten zu tun.

2. Der historische Modus

Therapie mithilfe der frühen elektroschockenden und auch vor
Lobotomien nicht zurückschreckenden Psychiatrie.

3. Der psychoanalytische Modus

Auch gesprächstherapeutische Ansätze wie die psychoanalytische
Talking Cure führen zu neuroplastischen Veränderungen im
Gehirn – aber wie viel Zeit hab ich dafür? Was kann ich sagen?
Wie überwinde ich den Widerstand, wo finde ich die verdrängten
Anteile der Libido, wie leite ich die Gegenübertragung ein?

4. Der verhaltenstherapeutische Modus

Hier kann es zuweilen etwas ruppig werden, womöglich wird es
nötig, dass ich das Gehirn verlasse und die Außenwelt prüfend in
Erwägung ziehe. Mit dem Gehirn stehe ich selbstverständlich
jederzeit in Verbindung.

5. Der halluzinogene Modus der Psychonauten

Hier werde ich unter Zuhilfenahme psychotroper Mittel das Bewusstsein erweitern, weiß aber in keinster Weise, was mich dort
erwartet. Wenn ich zudem diverse Modi miteinander verbinde,
kann es zu querstehenden Kapriolen kommen, die schon mal damit beginnen, das Hotelzimmer, in dem meine Leiche gefunden
werden wird, um mich herum aufzubauen. Sobald es steht, bin
ich verloren. Andererseits: Neue Welten!

6. Der schamanistische Modus zur Wiederauffindung der Seele

Ich leide gar nicht an neuromolekularem Ungleichgewicht, sondern vielmehr an Seelenverlust. Ich mache mich mit einem Schamanen auf die Suche nach meiner Seele. Da ich seelenlos bin, koordiniere ich meine Bewegungen wie ein Zombie und bin auf Hilfe angewiesen, was ich ohne jede Empathie äußere.

In diesem Spiel geht es um Leben und Tod, aber es geht freilich vor allem darum, wie ich Leben und Tod deute. Meine Entscheidungen haben Einfluss auf die neuronale Umgebung, in der ich mich befinde – sind also unmittelbar mit meiner Wahrnehmung verknüpft. Das spielende Bewusstsein entscheidet mit der Wahl des Modus, in dem er oder sie das Leiden lindern möchte, über Erscheinung seiner mentalen respektive hirnchemischen Umgebung, in der das Spiel stattfindet. Zudem gilt es, originelle Lösungen zu finden, die aber je nach Modus, in dem ich mich befinde, so unterschiedlich sein können, dass sie nicht miteinander kompatibel sind und voreinander verborgen werden müssen.

Ziel ist – je nach Modus – das Überleben des Bewusstseins, die Wiederkehr der Seele, ein verdrängungsfreies Leben, das Nachlassen der Angstkomplexe, ein perfekt eingestellter Psychotiker, die haargenau richtigen Antidepressiva, ein aufs Beste erweitertes und großräumiges Bewusstsein voller Sensationen oder eine fröhliche Seele, der es bei uns gefällt, und so bleibt sie und geht nicht. ∎

Andri Snær Magnason

Green Glass°∎

Die *GreenGlasses°* (grüne Brillen) werden zu einem neuen techno-logischen Paradigma. Du trägst sie und die Stadt wird grün, alles wird grün, der Himmel, die Häuser, die Autos und auch die Menschen sind grün, denn jede Oberfläche dient jetzt als Bühne, auf die Bilder und Information projiziert werden. Die Welt ist ein Greenscreen und *GreenGlasses°* werden implantiert sein, sodass es nicht mehr möglich sein wird, zu wissen, was hinter der sichtbaren Realität und hinter den Bildern steckt, die auf die Oberflächen projiziert werden. Wenn die Palme außer Reichweite liegt, wirst du davon ausgehen müssen, dass es sich um eine Palme handelt. *GreenGlass°* befreit die Haut der Städte und deine eigene Haut, du kannst deine Erscheinung, Kleidung, Hautfarbe, dein Haar und dein Geschlecht auswählen. Täglich kannst du die Stadt in einer anderen Farbe oder einer anderen Architektur zu sehen bekommen. Du bist dein eigener Avatar, und morgens gehst du deine Filter durch, um festzulegen, wie du anderen gegenüber erscheinen möchtest. Wünschst du dir die Stadt im gotischen Stil, wird sie mithilfe von gotischen Filtern gotisch aussehen; magst du kräftige Farben, wirst du mittels eines Bunt-Filters kräftige Farben zu sehen bekommen; wenn du möchtest, kannst du der Stadt in *Minecraft®* deine eigenen Bauten hinzufügen, und wenn du dann durch die Straßen gehst, kannst du deine eigenen Wol-kenkratzer in den Himmel wachsen sehen! Die Ergänzung wird Teil deiner persönlichen Stadt, aber in die eigene Hardware (an-deres Wort für Körper) wirst du solche Teile nicht einfügen können, aber das ist völlig in Ordnung so. Normalerweise wird es für die Leute einfacher sein, sich durch Software anstatt durch Hardware zu bewegen.

Mit *GreenGlass°* kannst du zwar deine Erscheinung und deinen Stil wählen, aber die anderen werden dich nicht unbe-dingt sehen müssen. Manche werden dich aus ihrem Blickfeld verbannen, denn auch dein Gesicht ist ein Greenscreen, und mit *GreenGlass°* können die Leute andere Gesichter und Bilder auf dein Gesicht projizieren; sie mögen Hallo sagen, aber du wirst sie nicht hören müssen – entweder wirst du über selektives Hören verfügen oder die anderen haben ihr Sprechen so gefiltert und

personalisiert, dass es „nur von Freunden" gehört werden kann. Du kannst unsichtbar sein und du kannst andere Personen unsichtbar machen, indem du sie blockierst oder festlegst, dass sie große herumlaufende Monster sind, falls das in deinem Interesse liegt. Bei *GreenGlass°* geht es letztlich darum, welche Realität du für dich selbst wählst. Die *GreenGlasses°* eliminieren die Grenzen zwischen Spiel und Realität. Das Spiel reicht bis hinaus auf die Straßen, und das Alltagsleben mischt sich mit anderen Spielen, da die Trennungslinien zwischen Arbeit und Spiel, Persönlichkeit, Ort und Filter verwischt sind.

Mit *GreenGlass°* wirst du begreifen, dass Realität noch nie real gewesen ist, alles an ihr war und ist relativ gewesen – Schönheit und Werte sind von einem Filter in unserem Gehirn bestimmt worden. Wir werden begreifen, dass wir es eher mit Punkten als mit Geld zu tun haben und dass man mehr Glück durch Likes und Licks, Ratings, Traffic, Views, Feedbacks, Retweets und Sterne erhält. Mittels *GreenGlass°* kann *Call of Duty* oder *Doom* auf jeder beliebigen Fläche deiner Wohnung gespielt werden, auf deinem Tisch, und du kannst es draußen auf der Straße, und gleichzeitig auch noch *Candy Crush* auf dem Gehweg spielen. Du musst nur herumhüpfen und die Süßigkeiten zerquetschen. Du kannst Menschen erschießen, und du kannst sie, um deiner Erregung willen, nackt aussehen lassen, aber du darfst die Hardware weder berühren noch verletzen, das wird auch weiterhin illegal sein. Wenn du im Spiel eine Person getötet hast, wird sie sich auflösen und unsichtbar werden. Sie verliert ein Leben und muss solange *Candy Crush* spielen, bis sie wieder für das Spiel *(GreenGlass°)* zugelassen sein wird.

Viele werden die meiste Zeit damit beschäftigt sein, die neuesten Filter zu bekommen und Licks zu sammeln, um ein interessantes Leben führen zu können, indem sie einen Screenshot eines schönen Sonnenuntergangfilters teilen oder einen guten Witz reißen oder ein ähnliches Aussehen wie eine andere Person annehmen. Du kannst auf einer Farm arbeiten oder jobben, indem du für jemanden *FarmVille* betreust oder jemandes Hunde spazieren führst, doch wenn du Hunde nicht leiden kannst, kannst du sie wie Drachen aussehen lassen. Bauernhöfe, die Maschinen und körperliche Arbeit verlangen, werden noch nötig sein. Wahrscheinlich werden die Arbeiter nicht wissen, welche Arbeit sie verrichten, dies wird von den Filtern abhängen, die sie sich für ihre *GreenGlasses°* leisten können. Die Äpfel in den Bäumen könnten wie pelzige, sprechende Kaninchen aussehen oder wie Diamanten oder wie Münzen, die einen Piepton von sich geben, wenn man sie pflückt. Man kann herumhüpfen und viele Piepser auslösen, wenn man die Münzen erntet. Mit *GreenGlass°* wird Farbe relativ. Welche Farbe hat die Stadt wirklich? Welche Farbe hat die Haut, haben Autos und Kleider. Was hat sich die Demokratische Partei über meinen gotischen Filter für die Stadt zu äußern? Das ist allein meine Angelegenheit.

Die Welt ist ein Greenscreen, aber da *GreenGlasses°* implantiert sein werden, wird es keine Möglichkeit geben zu wissen, was sich hinter der Realität, die man sieht und berührt, verbirgt. Das ultimative Ziel dieses über allen Spielen angesiedelten Spiels liegt darin, nicht verrückt zu werden, keine Wahrheit oder einen Sinn für die Arbeit oder das Leben in einer vollkommen relativen Welt herausfinden zu wollen, nicht in einer flüssigen Realität nach einer festen Basis Ausschau halten zu müssen, nicht nach dem einzig wahren Filter, der Sinn stiften würde, zu suchen, nicht zu hoffen, dass es einen Gott gibt oder ein Fundament, auf dem man stehen könnte. Nicht danach zu trachten, die Welt unter und hinter dem Greenscreen zu sehen, nicht der Anwandlung zu erliegen, die eigenen *GreenGlasses°* herauszureißen, denn dann wird man gar nichts mehr sehen. Man sollte nicht zu gründlich über das Spiel nachdenken, und nicht auf ein Game Over aus sein, indem man sich eine Kugel durch den Kopf schießt. ∎

Ein Gespräch mit Gundofl S. Freyermuth

über Geschichte, Gegenwart und Zukunft von Computerspielen

Über einige Umwege. Ich habe natürlich als Kind gespielt, in den sechziger
Jahren, noch analog, Brettspiele,
Spiele auf der Straße. Ich war allerdings kein besonderer Liebhaber von
diesen Dingen. 1984 habe ich dann
meinen ersten Mac gekauft, und da
war unter dem Apfel so ein kleines
Puzzlespiel, wie ich es als Kind auch
analog besessen hatte. Nun neige
ich wie wohl viele Autoren dazu, das
Schreiben vor mir herzuschieben.
Das Spiel war also eine willkommene
Ablenkung. Stundenlang habe ich,
statt an den Texten zu arbeiten, die
ich abliefern sollte, dieses Puzzle
gespielt. Bis es mir langweilig wurde.
Dann habe ich mir andere Spiele
besorgt, „Space Invaders" zum Beispiel.
Später erschien eine Variante davon,
die hieß „Letter Invaders". Da kamen
Buchstaben, und man musste die
Worte zusammenschießen. Das Spiel
habe ich wahnsinnig gerne gespielt.
Und als ich dann 1988 meinen ersten
Roman schrieb, der hieß „Der Aus-
weg", habe ich meinen Helden, einen
arbeitslosen Programmierer, der
zum Auftragsmörder wird, natürlich
„Letter Invaders" spielen lassen.
Das war sozusagen die erste Phase
meines digitalen Spielens. Ernster
wurde es erst mit der Veränderung
der Spiele, als sie in den neunziger
Jahren eine ganz neue Qualität
gewannen.

Der Anfang digitaler Spiele in den
fünfziger Jahren bestand ja im Grunde
darin, analoge Spiele zu automa-
tisieren. Dahinter verbarg sich das
Grundinteresse an Beschleunigung,
weil man sich – vor allen Dingen
für War Games und Strategiespiele –
schnellere Feedback-Mechanismen
wünschte. Im Kopf oder per Rechen-
schieber mitzurechnen und zu kal-
kulieren, war anstrengend und dauerte
recht lange. Mit Computern konnte
man das beschleunigen, im Prinzip
auf Echtzeit. Auch bei anderen frühen
Spielen wie „Pong" ging es schlicht
darum, analoge Spiele zu virtualisieren.
Was dabei heraus kam, war weder
besonders narrativ noch grafisch be-
eindruckend. Das heißt, wenn man
sich anguckt, womit diese ersten digitalen Spiele in Konkurrenz standen,
dann waren das analoge Brettspiele
und Sport. Die nächste Entwicklungs-
stufe bildeten dann die Text-Adventures
der siebziger Jahre, die interaktive,
sich verzweigende Geschichten er-
zählten, noch rein textbasiert. „Letter
Invaders", wenn es auch ein Shooter
war, kommt aus dieser Tradition.
 Und dann setzte in den achtziger
Jahren die grafische Wende ein. Text-
Adventures erhielten einfache und
dann immer bessere Grafiken, ihre

Gundolf S.
Freyermuth
┣
┣
┚

über Geschichte,
Gegenwart und
Zukunft von
Computerspielen

„Lesen wird in
vielen digitalen
Spielen zu
einer Überle-
bensfähigkeit."

Produktion wurde aufwendiger. Seit den neunziger Jahren begann dann der Weg der spielerischen Bildwelten in den Realismus. Derweil sieht vieles aus, als wäre es fotografiert, obwohl alle Spiele ja Welten, Dinge, Menschen zeigen, die nie existiert haben – hyperrealistische Bildwelten also, denen kein Index entspricht. Dadurch, dass sich Narration und visueller Hyperrealismus verbanden, wurden digitale Spiele von einem Medium, das Brettspielen und dem Sport Konkurrenz machte, zu einem Medium, das nun zu Film und Fernsehen in Konkurrenz stand. Das war exakt der Punkt, an dem digitale Spiele anfingen, mich viel, viel mehr zu interessieren. Denn nun ging das Vergnügen über die Ebenen von Glückspiel oder Denksport oder simuliertem Sport hinaus: Games wurden nach dem Theater und nach den linearen Audiovisionen von Film und Fernsehen das dritte große Erzählmedium der Neuzeit. Dazu kam noch ein historisch-biografischer Glücksfall: In den neunziger Jahren wurden meine Kinder geboren. Die bekamen schon mit anderthalb Jahren ihre ersten Computer – meine abgelegten –, und die haben ganz viel gespielt. Für die habe ich dann auch die erste Konsole – eine Xbox – gekauft. Und so wurde aus dem gelegentlichen Spielen etwas, das ich mit mehr Begeisterung und mehr Zeitaufwand gemacht habe. Aber eben nicht, weil ich mich verändert hätte, sondern weil die Spiele sich verändert haben.

Wo stehen Games denn jetzt gerade auf dem Weg zu einer ästhetisch und narrativ eigenständigen Kunstform? So etwas ist schwer zu sagen. Über die Gegenwart ist man immer am klügsten, wenn sie vorbei ist. Aber ich hege die Vermutung – und die hegen auch andere Menschen, die ist also nicht so fürchterlich originell –, dass Games heute irgendwo da stehen, wo der Film Mitte der zwanziger Jahre war. Das heißt, wir haben in dem neuen Medium schon eine relativ interessante Bildsprache, sehr entwickelte Mechanismen, wir sind aber im hohen Maße technisch behindert, weil wir gewissermaßen das medientechnische Äquivalent zum Ton noch nicht haben. Es gab zwar damals in den zwanziger Jahren viele

Widerstände gegen den Ton, das wissen wir aus der Filmgeschichte. Viele meinten, die an sich schon perfekte Kunstform des Stummfilms würde durch den Ton ruiniert. Im Nachhinein wissen wir aber, dass das nicht so war, dass erst die Sprache dem Film psychologische Tiefe ermöglicht hat. Jetzt ist natürlich die Frage: Was ist heute das Äquivalent zur Sprache, denn Ton haben digitale Spiele ja von Anfang an gehabt. Der Gamedesigner Jesse Schell, er lehrt an der Carnegie Mellon University, hat bei der Game Developers Conference 2013 in San Francisco eine ganz wunderbare Rede gehalten – die wir übrigens in unserem Sammelband „New Game Plus" zum ersten Mal abdrucken –, wo er sich genau dieses Problems angenommen und gesagt hat, das Äquivalent zur Sprache, die dem Film einst fehlte, sei heute für Games das Zuhören. Spiele müssen also erst noch die mediale Fähigkeit erhalten, uns zu verstehen. In dem Augenblick, wo die NPCs, die Non-player Characters, genügend künstliche Intelligenz besitzen, um sich mit uns zu verständigen – nicht unbedingt über Gott und die Welt, aber doch innerhalb des fiktionalen Spiels, innerhalb des vorgegebenen narrativen und situativen Rahmens –, in dem Augenblick werden digitale Spiele den nächsten großen ästhetischen

Sprung machen. Der Ausgangspunkt von Jesse Schells Frage war: Wann gibt es den Citizen Kane, wann den Dostojewski des Spiels? Und seine Antwort: Dieser Punkt wird erreicht sein, wenn Spiele ausreichend intelligent geworden sind, sodass wir innerhalb der Spielsituation mit Mitteln, die uns natürlich sind, mit der virtuellen Welt und ihren Personen kommunizieren, durch Sprache, aber auch durch Gestik und Mimik. Spiele müssen uns verstehen, uns lesen können. In diesem Bereich ist wohl die Technik ohnehin am weitesten, zum Beispiel beim Gesichterlesen, dass eben künstliche Intelligenz erkennen kann, ob es uns Spaß macht, ob wir Widerstände zeigen, ob wir traurig sind. Kurzum, es geht darum, dass Spiele uns zuhören, zusehen, begreifen können, zumindest im definierten Kontext der Spielsituation. Das ist sozusagen der nächste Heilige Gral und daran wird in der Spieleindustrie auch heftig gearbeitet.

Ich kriege da ein bisschen Gänsehaut. Das ist ja fast beängstigend.
Viel beängstigender ist, dass diese Technologien ja eigentlich nicht für Spiele entwickelt werden, sondern für die Wirklichkeit, zum Beispiel die Gesichtserkennungstechniken für die automatische Auswertung der

Gundolf S.
Freyermuth
⊢
⊢
㘰

über Geschichte,
Gegenwart und
Zukunft von
Computerspielen

„Lesen wird in
vielen digitalen
Spielen zu
einer Überle-
bensfähigkeit."

allgegenwärtigen Überwachungs-
kameras, sodass man bei einer Sicher-
heitskontrolle den potenziellen Terro-
risten an seiner Aufgeregtheit oder
Unsicherheit identifizieren kann. Das
mag den einen oder anderen gruseln.
Innerhalb der Spielsituation, der
fiktionalen Situation, sehe ich keinen
Grund zum Gruseln, sondern großen
Grund zur Freude.

Nur damit ich das richtig
verstehe: Das heißt, die
Entwicklung geht dahin, dass
die anderen Figuren im Spiel,
die in irgendeinem Raum
mit mir sind, mich erkennen
und dann anfangen, mich
situativ anzusprechen?
Dass man angesprochen wird, haben
wir ja schon. Nur wenn ich dann
antworte, kriege ich keine weitere
oder nur eine dumme Antwort.
Die NPCs haben bislang einen so be-
grenzten Interaktionsschatz, so
nenne ich das mal, dass eine wirkliche Kommunikation mit ihnen keinen
Sinn macht, sondern ich bestenfalls
Informationen von ihnen abfragen kann.
Die haben ein paar Varianten möglicher
Dialoge, aber das war es. In Game

Engines gibt es inzwischen die echt-
zeitige Bildgenerierung. Das heißt,
wenn ich nach links gucke, baut sich
dort das Bild auf, das Bild wird also
interaktiv generiert, auch über Zufalls-
generatoren. Und wenn ich das Level
das nächste Mal spiele, muss es
nicht hundertprozentig identisch sein.
Das Level kann variieren, die Landschaften und urbanen Räume können
variieren und so weiter. Dasselbe
Maß an Variation haben wir im Umgang
mit den NPCs eben noch nicht, und
das ist ein Mangel. Es geht noch lange
nicht darum, dass NPCs künstliche
Superintelligenzen wären wie HAL,
der Computer in „2001". Sie sollen ja
nicht über alles reden können und
alles besser wissen. Es geht nur um
die spezifische Spielsituation, in der
ich mich befinde: Die Figur spielt
eine bestimmte Rolle, ich spiele eine
Rolle, und da muss Kommunikation
möglich sein, sprachliche, aber
auch nonverbale. Das Spiel muss
erkennen, ob ich auf einen Satz einer
Person mit Lachen oder Weinen
reagiere, ob ich eher den Impuls habe,
davonzulaufen oder die Spielfigur
zu umarmen. Gegenwärtig wird ja eine
Vielzahl von Natural User Interfaces

entwickelt, NUIs, welche die GUIs, die Graphical User Interfaces, vielleicht nicht ablösen, aber zumindest ergänzen, sodass wir mit digitalen Programmen interagieren können, über Gestik, Mimik, Sprache. Das ist ja nichts, was Games jetzt für sich ganz neu entwickeln müssen, sondern da werden Techniken gebündelt, an denen in anderen Bereichen ohnehin geforscht wird.

Ist das Game dann heute die ultimative Mensch-Maschine-Schnittstelle?
Nein, aber Games werden all die neuen Mensch-Maschine-Schnittstellen nutzen, die wir für andere Zwecke, vor allem für die Optimierung der Produktivität oder für militärische Ziele entwickeln. Das kennzeichnet ja sozusagen die gesamte Geschichte der Audiovisualität in der Neuzeit. Immer wenn neue Technologien aufkamen, für ganz andere Zwecke, wurden sie unmittelbar für die audiovisuelle Produktion adoptiert. Das beginnt schon beim Theater, bei der Guckkastenbühne. Bessere Techniken zum Beispiel, um schwere Gegenstände schnell zu bewegen, Hebebühnen und so weiter, die im Schiffbau, in Werften entwickelt wurden, fanden sich binnen kurzem im Theater wieder. Und was immer an Technologie im 20. Jahrhundert neu aufkam, hat die Filmindustrie sofort an sich gerissen, um im analogen Kino bessere Effekte möglich zu machen. Sobald dann digitale Technologie da war, wurden Computer eingesetzt, zuerst in „Star Wars", um beispielsweise die Modelle und die Kameras besser steuern zu können. Das ist eine Grundtendenz: Was immer gesellschaftlich für „ernste", „seriöse" Zwecke entwickelt wird, wird unmittelbar eingesetzt, um auch die audiovisuelle Produktion zu verbessern. Denn audiovisuelles Erzählen ist ja prinzipiell gegenüber dem literarischen dadurch behindert, dass es nicht beliebig Ort und Zeit manipulieren kann. Mit diesem Problem kämpfen nach Theater, Film und Fernsehen heute auch digitale Spiele.

Was sind Game Studies und warum betreibt man sie?
Erst einmal – vom Namen her gesehen – sind Game Studies eine englische Wortverbindung, ein Äquivalent zu Literary Studies oder Film Studies, die wir auf Deutsch Literatur- und Filmwissenschaften nennen. Game Studies sind also, sage ich jetzt einmal, die Geistes- und Sozialwissenschaften von den digitalen Spielen. Viele andere würde sagen: von Spielen allgemein. Doch ich denke, dass sich digitale Spiele von analogen so nachhaltig unterscheiden wie der Film vom Theater.

Gundolf S.
Freyermuth

über Geschichte,
Gegenwart und
Zukunft von
Computerspielen

„Lesen wird in
vielen digitalen
Spielen zu
einer Überle-
bensfähigkeit."

Weshalb sie meiner Ansicht nach auch eine eigene Disziplin zu ihrer Erforschung benötigen.

Und können Sie ein Beispiel davon geben, was Game Studies erforschen? Wie „studiert" man ein Computerspiel?

Game Studies sind ja eine neue Disziplin, die dabei ist, sich zu formieren. Leicht provokativ ließe sich sagen, die Game Studies gibt es noch gar nicht. Die Game Studies sind ein Desiderat. Wenn wir uns die Geschichte der Wissenschaften von den Künsten angucken, dann können wir sehen, dass es eigentlich immer drei Entwicklungsstufen gab. Erst entstand das, was ich die „Theorien der Praktiker" nenne. Also, wenn wir vom Film ausgehen, waren das Schriften wie die Eisensteins, Texte also, die nicht im strengen Sinne akademische Schriften waren, weil sie nicht das Ziel hatten, die Forschung voranzutreiben, sondern die Absicht, zu helfen, bessere Filme zu produzieren. Und genau dieselbe Entwicklung haben wir in den Game Studies. Die erste Stufe ist das, was Gamedesign-Theorie heißt. In den frühen achtziger

Jahren hat Chris Crawford das erste solche Lehrbuch geschrieben. In diesen Schriften geht es darum, die tatsächlichen Verfahren der Produktion zu systematisieren, zu abstrahieren, um zur Herstellung von besseren Spielen anzuleiten. Die zweite Stufe ist dann das, was ich die „Theorien der anderen Theoretiker" nenne. Sie sind, wie man in der Evolutionstheorie sagt, Exaptationen, Zweckentfremdungen. Das heißt, da kommen Philosophen, Psychologen, Literaturwissenschaftler, Soziologen und machen sich mit ihrem üblichen Instrumentarium über den jeweiligen neuen Gegenstand her – früher den Film, in der Gegenwart die digitalen Spiele. Diese Theoretiker importieren und zweckentfremden Theorien aus ihren Bereichen, die sich an ganz anderen Gegenständen, der Literatur zum Beispiel, gebildet haben, und versuchen, mit ihnen den Film oder heute die digitalen Spiele zu verstehen. Und erst in der dritten Stufe bilden sich dann genuine Theorien von den neuen Medien heraus, in der direkten Auseinandersetzung mit diesen neuen Medien und den in ihnen kreierten Artefakten. Im Falle der

Filmwissenschaft war diese Stufe mit André Bazin und Siegfried Kracauer in den fünfziger Jahren erreicht. Auf dieser dritten Stufe sind wir bei den Game Studies eben noch nicht wirklich angekommen. Noch zerfallen sie in drei relativ unverbundene, teilweise feindliche Lager: zum einen die Gamedesign-Theoretiker, die aus der Praxis kommen; zum zweiten die Ansätze aus den Sozialwissenschaften, die sehr stark empirisch auf die Rolle des Spielens und der Spieler in der Gesellschaft ausgerichtet sind; zum dritten Ansätze aus den Geisteswissenschaften, denen ich natürlich besonders verbunden bin. Deren vorrangiges Interesse ist die Untersuchung der ästhetischen Qualitäten digitaler Spiele und ihrer kulturellen Bedeutung. Und diese Ansätze müssen erst noch verschmelzen, damit die Game Studies jene dritte Stufe erreichen und sich genuine Theorien von digitalen Spielen ausbilden.

Das findet man ja heutzutage nicht selten: Literaturwissenschaftler und Filmwissenschaftler als Kulturkritiker, Gesellschaftskritiker. Inwiefern könnten Sie sich denn Game-Theoretiker in naher Zukunft als Kulturkritiker und Gesellschaftskritiker vorstellen? Es gibt ja auch Germanisten, die als Kritiker von Finanzsystemen und ökologischen Zusammenhängen auftreten. Wie weit kann man sich so was denn in naher Zukunft vorstellen?

Wenn Literaturwissenschaftler so auftreten, dann hängt das in der Regel mit ihrer hermeneutischen Kompetenz zusammen. Ich habe ja auch als Literaturwissenschaftler angefangen. Wir lernen, Texte zu interpretieren und lernen damit, auch größere Systeme wie Texte zu lesen: Filme als Texte zu lesen, bestimmte Gesellschaftsformationen und ganze Kulturen als Texte zu lesen. Daher rühren diese Kompetenzen und der Anspruch. Grundsätzlich hängt allerdings das Gewicht, das die Worte von jemandem haben, immer auch ganz wesentlich von dem Gewicht ab, das der Gegenstand selbst hat, über den gesprochen wird. Aber die kulturelle Wahrnehmung hat halt einen starken Verzögerungseffekt, was das Gewicht der Medien und Künste angeht. Da mag der Film schon längst die Literatur an Einfluss übertreffen, aber Literaturkritiker haben immer noch ein größeres Gewicht als Filmkritiker. Ganz zu schweigen von dem Gewicht derer, die sich mit digitalen Spielen auseinandersetzen.

Gundolf S.
Freyermuth

über Geschichte,
Gegenwart und
Zukunft von
Computerspielen

„Lesen wird in
vielen digitalen
Spielen zu
einer Überle-
bensfähigkeit."

Welche Kompetenzen bringt
man denn als Game-Wissen-
schaftler mit, um Kulturkritik
zu betreiben? Was wären
die Punkte, an denen man an-
greifen könnte?
Die Grundkompetenz ist, dass wir uns
hoffentlich mit digitalen Spielen
auskennen, und digitale Spiele sind,
denke ich, für die digitale Kultur
das, was der Film für die industrielle
Kultur war – nämlich das audiovisuelle Leitmedium, in dem sich zentrale
Erfahrungen der Epoche formulieren.
Walter Benjamin sagte mal Mitte der
dreißiger Jahre über den Film, er
sei das Medium oder die Kunstform,
die der gesteigerten Lebensgefahr
entspreche, in der die Zeitgenossen
sich befänden. Der Film konnte als
audiovisuelles Medium gegenüber dem
Theater die Erfahrungen der industriellen Kultur besser ausdrücken,
aufgrund seiner gesteigerten Befähigung zur Manipulation von Zeit
und Raum. Und ich glaube, dieselbe
Rolle spielen digitale Spiele im
Augenblick. Der Film übte in die industrielle Kultur ein, und so üben
heute Spiele in die digitale Kultur ein.
Das zeigen nicht zuletzt die Umsätze

und die Nutzungszahlen. Games
sind das audiovisuelle Medium, in
dem und an dem sich das Selbstver-
ständnis der digitalen Kultur formt.
Niklas Luhmann sagte, die Gesellschaft schaffe sich Medien zur Selbst-
beobachtung. Das heißt, durch den
Spiegel digitaler Spiele erfahren wir uns
und verstehen, was wir im Begriff
sind zu werden. Und insofern digitale
Spiele dieses Gewicht haben, sollte
die Kompetenz, sich mit ihnen auszu-
kennen, natürlich einen wachsenden
Stellenwert in der digitalen Kultur
erhalten.

Was konkret macht man denn,
wenn man ein Computerspiel
erforscht?
Das hängt davon ab, welcher der drei
genannten Gruppen im gegenwärti-
gen Schisma der Game Studies man
sich zugehörig fühlt. Wenn ich Geis-
teswissenschaftler bin, habe ich zum
einen die Perspektive auf Spiele
als Artefakte und des Nachvollziehens
der Logik ihres Produziert-Seins.
Ich analysiere sie wie Texte. Und ich
habe zum zweiten den Anspruch,
zu verstehen, welche Rolle sie in der
Kultur spielen. Das sind die beiden

großen Ansätze der Game Studies, die von den Geisteswissenschaften herkommen. Die sozialwissenschaftlichen Game Studies haben einen ganz anderen Ansatz. Sie versuchen, das Spielen selbst zu verstehen. Sie versuchen zu verstehen, was Spiele mit Individuen und gesellschaftlichen Gruppen machen. Dazu gibt es medienpädagogische Ansätze, soziologische Ansätze, psychologische Ansätze. Und wenn ich von der Game-Design-Theorie komme, dann analysiere ich Stilrichtungen und Spiele im Hinblick darauf, was ich von ihnen lernen kann, um neue und bessere Spiele zu machen. Das sind drei grundsätzlich unterschiedliche Ansätze, die eben noch nicht verschmolzen sind. Gleichzeitig muss man aber auch sehen, dass diese Verschmelzung zum Beispiel in den Literatur- oder Filmwissenschaften zum weitgehenden Ausschluss der Theorien der Praktiker geführt hat. Und das sorgt für eine unglückliche Kluft zwischen den Literaten und den Literaturwissenschaftlern, zwischen den Filmemachern und den Filmwissenschaftlern. Ich denke, ein großes Desiderat der Game Studies ist es, diesen Fehler der älteren Wissenschaften von den Künsten nicht zu wiederholen, sondern die Game Studies von vorneherein nicht als eine rein wissenschaftliche, sondern als

eine künstlerisch-wissenschaftliche Disziplin zu begreifen und deshalb auch nicht nur wissenschaftliche Forschung, sondern auch künstlerisch-wissenschaftliche Forschung zu betreiben.

Eine kurze Nachfrage, weil gerade, als ich gefragt habe, wie man ein Computerspiel erforscht, so ein bisschen spaßhaft eingeworfen wurde: „Spielen!"

Selbstverständlich. Wie erforscht man Literatur? Indem man liest. Wie erforscht man Filme? Indem man möglichst viele guckt und dann einige genauer anguckt, um eben zum einen den Überblick zu gewinnen und zum anderen die Detailanalyse vorzunehmen, die aber natürlich nur vor dem Hintergrund des Wissens über die Filmgeschichte geschehen kann. Dasselbe gilt für digitale Spiele. Man muss sie spielen, um sie zu begreifen. Wir haben allerdings einen ganz großen Unterschied zu all diesen linearen Formen, nämlich, dass ich Spiele nicht nur einmal spielen kann. Wenn ich einen Film einmal geguckt habe, dann kenne ich ihn. Wenn ich ihn beim zweiten Mal gucke, entdecke ich vielleicht ein paar Details, die ich beim ersten Mal nicht gesehen habe, aber der Film bleibt immer derselbe. Wenn ich aber dasselbe

Gundolf S.
Freyermuth

*über Geschichte,
Gegenwart und
Zukunft von
Computerspielen*

*„Lesen wird in
vielen digitalen
Spielen zu
einer Überle-
bensfähigkeit."*

Spiel oder nur dasselbe Level zum zweiten Mal spiele, dann wird es ein anderes Erlebnis sein, das heißt, ich muss es öfter spielen.

Zugespitzt hieße das: Wenn Game Studies so wichtig sind, dann können alle Eltern, deren Kindern spielen, sich glücklich schätzen, weil diese gerade dabei sind, schon eine Kernkompetenz zu entwickeln, um später Game Studies zu studieren.
Sicher, um Game Studies zu studieren, ist das eine Kernkompetenz. Ich denke, es ist aber auch eine Kernkompetenz, um Gamedesign zu studieren. Um also zu studieren, wie man Spiele macht. Oder auch um ganz andere Dinge zu verstehen und zu gestalten. Nehmen wir wieder den Film als Beispiel. In dem Augenblick, da der Film sich kulturell durchsetzte, wo er zum Leitmedium der industriellen Kultur aufstieg, wurde alles Mögliche filmisch. Der Roman wurde filmisch, die Musik wurde filmisch, die Malerei wurde filmisch. Das heißt, audiovisuelle Leitmedien strahlen auf andere Medien ab. Das lässt sich deutlich

beobachten. Wir müssen nur mal gucken, was zum Beispiel gerade im Kino läuft. Nehmen Sie „Edge of Tomorrow". Was ist das Motto? Live, die, repeat. Der Held wird genetisch verändert, durch den Kontakt mit Aliens, und dann kommt das, was wir in Spielen respawning nennen. Er lebt und stirbt und erlebt alles immer wieder nochmal von vorne. Oder „Her" – die Geschichte eines Mannes, der sich in ein weibliches Betriebssystem verliebt. Das Betriebssystem scheint die Liebe zu erwidern, aber am Ende wird dieser Mann dem Betriebssystem doch zu dumm, weil es halt immer klüger wird, und erst betrügt sie ihn mit fünf- oder sechshundert anderen und dann haut sie mit einer noch viel klügeren künstlichen Intelligenz ab. Oder „Trancendence" – der Mensch, der in den Computer hochgeladen wird und dann in einer Form mentaler Cyborgisierung mit der Maschine verschmilzt. Das sind samt und sonders Filme, die sowohl in ihrer Form als auch in ihren Inhalten „gamish" sind. Wo man hinguckt, sieht man diesen großen Einfluss der digitalen Spiele auf den Film, beispielsweise in der Narration, in der formalen Gestaltung der hyper-realistischen Wirklichkeit, in den Kameraperspektiven.

Der Film wird „gamish", wird dann die Welt auch „gamish"? Ich denke da gerade an diese Bonuszettel von meiner Krankenkasse.

Ja, genau. Wie ein Spielchen. Das ist im Augenblick eine Bewegung, die unter dem Schlagwort Gamification läuft – Gamifizierung. Man nimmt zentrale Elemente, die Spiele aus-zeichnen und die wir im Gamedesign gezielt einsetzen: Instant-Feedback-Strukturen, Scores, Bonuspunkte und so weiter. Und man versucht, diese Elemente digitaler Spiele in anderen Bereichen wirksam werden zu lassen. Im Büroalltag, in der Gesundheits-fürsorge und natürlich ganz wesentlich im Unterricht, im Wissenstransfer. Auch die Autoindustrie stellt zuneh-mend Gamedesigner ein, zum Bei-spiel um die Interfaces der Entertain-ment-Systeme zu gamifizieren. Von der Verbesserung der Interfaces kommt übrigens der Begriff Gami-fication her. Der ist vor zehn, zwölf Jahren geprägt worden, von einem Programmierer, der feststellte, dass gute digitale Spiele keine Gebrauchs-anweisung mehr benötigen. Die sind so designt, dass wir instinktiv in der Lage sind, sie zu verstehen,

und uns nach ein paar Versuchen da reinfinden. Er fragte sich, warum sind die ATMs, also diese elektro-nischen Geldauszahlungsmaschinen, warum sind die im Vergleich so kompliziert zu bedienen? Warum kann man die nicht ohne Gebrauchsan-weisung sofort benutzen? Das heißt, es ging ihm darum, die Interfaces von anderen digitalen Medien den In-terfaces von Spielen so anzupassen, dass sie intuitiv erlernbar sind. Damit begann der Versuch, das, was in Spielen erfolgreich ist, in andere Be-reiche zu transferieren. Der Bereich des Lernens zum Beispiel war ein logischer nächster Schritt, wenn man beobachtet, wie Kinder begeistert und ausdauernd spielen, während sie nicht so begeistert und ausdauernd ihre Hausaufgaben machen. Die Über-legung, ob man das Lernen gamifi-zieren könnte, war insofern eine der ersten und sicher auch eine der richtigen.

Mir geht es so, wenn ich etwas wirklich wissen will oder interessante Menschen treffe und das Gefühl habe, ich kann da jetzt was lernen, dann möchte ich mit ihnen nicht spielen. Ich möchte sie befragen, so wie Sie jetzt, oder mich mit ihnen unter-halten. Ich möchte eine

Gundolf S.
Freyermuth

über Geschichte,
Gegenwart und
Zukunft von
Computerspielen

„Lesen wird in
vielen digitalen
Spielen zu
einer Überle-
bensfähigkeit."

konzentrierte Form des Wissenstransfers erleben. Das
befriedigt mich, wohingegen
ich kürzlich auf einem
Workshop war, wo 100 super-
intelligente Menschen saßen und
man hat zwei Tage lang nur
gespielt, was ich als extreme
Zeitverschwendung empfunden
habe. Wie geht Ihnen das
persönlich?
Die Frage ist ja, was man gespielt hat.
Schlechte Spiele sind natürlich
Zeitverschwendung, da gebe ich Ihnen
vollkommen recht. Gute Spiele sind
aber keine Zeitverschwendung. Meine
Großeltern zumindest waren noch
der Ansicht, ins Kino zu gehen sei ex-
treme Zeitverschwendung. Und das
ist es natürlich auch, wenn man sich
schlechte Filme aussucht. Wenn
man jedoch in gute Filme geht, ist das
keine Zeitverschwendung, weil da
etwas mit unserem Kopf passiert. Bei
guten Spielen passiert mit unserem
Kopf auch etwas. Aber für diese Sorte
von Managerschulungen, diese Form
von Ringelpietz mit Anpassen, äh,
Anfassen – das war ein Versprecher,
der die Wahrheit aussprach – also,
dafür habe ich auch nicht viel übrig.

Ich habe neulich das Buch
„Besser als die Wirklichkeit!
Warum wir von Computerspielen profitieren und wie sie
die Welt verändern" von Jane
McGonigal gelesen. Sie ver-
tritt die These, dass Spiele
die Wirklichkeit positiv
verändern können. Können Sie
dem was abgewinnen? Und
wie soll das funktionieren?
Der Gedanke von Jane McGonigal
ist ja nicht so abwegig und nebenbei
auch nicht so originell. Sie hat
das sehr schön zu Papier gebracht
und damit auch Erfolg gehabt, aber
die Organisation Games for Change
zum Beispiel ist schon über zehn
Jahre alt. Wir haben hier bei uns am
Cologne Game Lab den europäischen
Ableger mitgegründet. Unsere wis-
senschaftliche Mitarbeiterin Katharina
Tillmanns ist Ko-Präsidentin von
Games for Change Europe. Und die
Idee ist eine gute. Wir verbringen
so viel Zeit mit Spielen und bewirken
da irgendetwas in diesen virtuellen
Welten. Warum also nicht diese Ener-
gie auch mal für andere, ernstere
Dinge nutzen? Es gibt inzwischen viele
Beispiele dafür, dass Spieler durchaus

willens und in der Lage sind, wenn die Experimente eben wie ein Spiel aufgezogen sind, sich an der Produktion von Wissen zu beteiligen. Da werden zum Beispiel biologische oder medizinische Daten spielerisch aufbereitet und ins Netz gestellt, und Tausende von Gamern spielen diese Serious Games und werten die Daten dabei ruckzuck aus, wozu die wenigen Experten viel Zeit hätten aufwenden müssen, weil zum Beispiel pattern recognition oder 3-D-Vorstellungsvermögen Fähigkeiten sind, die man als Gamer trainiert, worin Gamer eben gut sind. Ein gutes, schon älteres Beispiel ist „Foldit", ein Puzzle-Spiel der Universität Washington, das seit 2008 online ist und bei dem es darum geht, Proteine optimal zu falten. Die Spieler, die keinerlei Vorbildung brauchen und in Puzzle-Tutorials sozusagen angelernt werden, halfen zum Beispiel ein Protein zu identifizieren, das bei Affen Aids auslöst. Man kann sagen, da wurde die Forschung vorangebracht und damit die Welt durch Spielen ein Stück besser gemacht. Warum also nicht Spiele einsetzen, um Probleme dieser Welt zu lösen? Das ist doch ein ganz vernünftiger und intelligenter Ansatz.

Sie schreiben auch über Gamification im Wissenstransfer. Welche Rolle spielt es denn da?

Gamification kann genauso wie in der Wissensgewinnung auch im Wissenstransfer eine wesentliche Rolle spielen, bei der Vermittlung von Wissen im schulischen und hochschulischen Bereich oder in der Berufsausbildung. Es gibt ja reichlich Erkenntnisse, die schon den Game Studies vorausgehen, dass sich Wissen spielerisch leichter vermitteln lässt. Zum Beispiel kann man die Fremdsprachenausbildung mit Exerlearning verbinden.

Was ist denn Exerlearning? Exerlearning ist die Verbindung von spielerischer Bewegung und Lernen. Also, zum Beispiel Vokabeln lernen mit bestimmten Formen von Hüpfspielen. Das Spiel fördert das Lerninteresse, die Lernbefriedigung, und die körperliche Bewegung befördert den Lernerfolg – das Memorieren. Wir kennen das ja eigentlich von uns selbst. Die meisten Menschen stehen auf und gehen auf und ab oder machen einen Spaziergang, wenn sie ein Problem haben und dafür eine Lösung suchen. Warum? Weil in dem Augenblick, in dem wir uns bewegen, die Gehirntätigkeit aktiver wird und sozusagen neue Verschaltungen möglich werden, also die Problemlösungskompetenz gestärkt wird. Deswegen ist natürlich die Lernsituation, in der wir Kinder zwingen, sich hinter Bänke zu setzen und

Gundolf S. Freyermuth

über Geschichte, Gegenwart und Zukunft von Computerspielen

„Lesen wird in vielen digitalen Spielen zu einer Überlebensfähigkeit."

möglichst ruhig zu sein, und dass sie für Bewegungen auch noch bestraft anstatt belohnt werden, genau die falsche. Es gibt Untersuchungen, die zeigen, dass, wenn man Exergaming mit Lernen verbindet – deswegen nennt man das Exerlearning –, dass sich dann zumindest Lernergebnisse erzielen lassen, die nicht schlechter sind, als wenn man traditionell lehrt und lernt – die Begeisterung und Teilnahme der Kinder ist aber erheblich größer. Man kann bislang nicht wirklich sagen, dass die Kinder mit solchen Spielen besser lernen, aber man kann definitiv beweisen, dass sie dasselbe lernen und doppelt so viel Spaß haben. Das allein ist ja schon gut.

Was ist ein Serious Game?
Ein unglücklicher Terminus. Das ist die kurze Antwort. Die lange Antwort lautet: Es gibt neben Spielen, die der reinen Unterhaltung dienen, seit vielen Jahren die Anstrengung, Spiele herzustellen, die sozusagen ernsthafteren Zwecken dienen. Am Anfang der Digitalisierung der Spiele stand ja bereits, wie erwähnt, die Digitalisierung von War Games, das heißt von

strategischen Spielen, wie sie sich bereits im 19. Jahrhundert beim preußischen Militär besonderer Beliebtheit erfreuten, strategische Spiele, die zum einen zur Planung von wirklichen Schlachten ganz wesentlich eingesetzt wurden, aber zum anderen auch zur Ausbildung von Offizieren. Insofern waren die ersten Serious Games wohl die War Games. Der zweite große Ansatz waren nicht-militärische Lernspiele. Also in beiden Fällen Spiele, die eben nicht nur dem Vergnügen dienten, sondern das Spielen mit Wissensvermittlung, Erkenntnisgewinn und Bewusstseinsveränderung verbinden wollten. Und Serious Games ist halt der dafür eingeführte Begriff, der schon in den späten sechziger Jahren geprägt wurde. Es gibt auch andere, Ian Bogost spricht zum Beispiel von Persuasive Games. Die Organisation Games for Change spricht von Games for Change, also von Spielen zur Veränderung politischen Denkens und Verhaltens. Noch ein anderer Terminus ist Applied Games, angewandte Spiele. Es geht also immer um mehr als reines Spielen, um ernsthafte Anliegen, und daher kommt der Begriff.

Er ist allerdings nicht so besonders glücklich, weil Serious Games ein bisschen klingt – und viele der Lernspiele sind ja auch leider so gestaltet –, als ginge der Spaß dabei verloren. Dabei ist es gerade das entscheidende Moment beim Einsatz von Spielen zu anderen als reinen Unterhaltungszwecken, den Wissenstransfer oder Erkenntnisgewinn eben mit Spielspaß zu verbinden.

Was lernt denn ein Zivilist in einem Computerkriegsspiel? Nun, die analogen War Games waren ja ungemein populär. Es ist ja keineswegs so, dass die im 19. oder im 20. Jahrhundert primär von Militärs gespielt worden wären. Die hatten Millionenauflagen. Was lernte man mit ihnen? Strategisches und taktisches Denken und Planen, teilweise auch historisches Wissen durch den Nachvollzug von tatsächlichen Schlachten. Das ist ja auch ein wesentlicher Teil von Rollenspielen, dass Menschen etwa die Kostüme des amerikanischen Bürgerkriegs anziehen und dann die Schlacht von Gettysburg nachspielen.

In diesem Sandkastenspiel ist es ja wahrscheinlich so, dass ich die geschlagenen oder gefallenen Truppen einfach aus dem Sandkasten herausnehme und daneben lege, aber hier ist es so, dass ich selber den Abzug drücke. Ja, das sind dann nicht mehr War Games. Sie meinen jetzt First-Person-Shooter oder, wie es nur auf Deutsch heißt, das Genre der Ego-Shooter. Das ist natürlich ein Unterschied, ob ich aus der Perspektive des Feldherren Truppenbewegungen steuere oder ob ich aus der Perspektive des Einzelnen an der Front um mich ballern muss. Das sind zwei sehr verschiedene Spielsorten. Ego-Shooter handeln häufig vom Krieg, aber es gibt auch ganz andere Settings, den Wilden Westen oder Science-Fiction, wo ich mich durch Raumschiffe durchballere. Diese Sorte Spiele lebt ganz wesentlich von zwei Elementen. Das eine ist natürlich der Wettkampf, also das Vergnügen, als Einzelner oder in Gruppen besser, schneller zu sein als andere. Und das zweite – das ist noch zu wenig untersucht – hängt stark mit dieser spezifischen Variante von Linearperspektive zusammen, also einer neuen Weltsicht, die das so faszinierend macht. Der besondere Reiz von First-Person-Shootern rührt meiner Ansicht nach aus einem ästhetischen Vergnügen an dieser eingeschränkten, also radikalisierten Sichtweise. Historisch ist die Linearperspektive ja von Anfang an als eine Gewalt gegen das Auge empfunden worden. Es gibt das

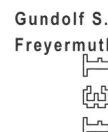
berühmte Gemälde von Andrea Mantegna, wo ein Pfeil, der Pfeil der Linearperspektive, im Auge des Betrachters steckt – also die Verletzung des Auges durch diese gewaltsame Zurichtung des Blickes dargestellt wird. In dieser Tradition, denke ich, stehen Ego-Shooter. Diese Spiele radikalisieren die in der Renaissance aufgekommene perspektivische Zurichtung des Blicks, indem sie eine neuartige Weltsicht inszenieren, also einen Blick auf die Welt, der ausschließlich über den Lauf einer Schusswaffe stattfindet – was ja bedeutet, dass jeder andere mich selbst auch nur über den Lauf einer Waffe wahrnehmen kann. Das Resultat ist eine gewisse Angstlust an der aggressiven Blick-Vermessung und gewaltsamen Kolonialisierung der Welt. Wer einen Ego-Shooter spielt, handelt, so hätte Freud wahrscheinlich gesagt, in Identifikation mit dem Aggressor.

Jemanden zu erschießen oder ein Raumschiff zu zerstören ist ja die maximale Wirkung, die ich überhaupt erzielen kann. Und das Computerspiel bietet mir gerade das als Effekt an, weil ja eigentlich nichts passiert. Es passiert eigentlich nichts, aber es wird simuliert, dass das Maximale geschieht. Ja, das ist der Kern von Spielen. Spielen ist immer Probehandlung. Spielen ist ja älter als die Menschheit. Chris Crawford hat in seiner kurzen Phylogenese des Spiels sehr schön gezeigt, wie das Spielen in der Tierwelt anfängt, mit der Einübung von Fähigkeiten, die später zum Überleben gebraucht werden. Pferde lernen so die verschiedenen sehr komplizierten Gangarten. Katzen und Raubkatzen lernen spielerisch das Jagen. Das ist Probehandeln, so als ob, aber hinterher ist keiner tot. Und digitale Spiele eskalieren das natürlich, denn nun kann ich nicht mehr nur wie im Sandkasten eine Burg bauen. Wenn ich vier, fünf Jahre alt bin, ist das schon für mich eine richtige Burg und ich habe da lange dran gebaut und dann haue ich sie kaputt. Oder ich haue eine Burg kaputt, die jemand anders gebaut hat – das ist noch besser. Aber es ist halt nur eine Sandburg, und digitale Spiele mit ihrem Hyperrealismus zeigen uns nun, was wir schon im analogen Film gerne gesehen haben, wenn solche Dinge in die Luft gejagt werden. Auch wenn wir geargwöhnt haben, dass es sich vielleicht doch nur um Modelle gehandelt hat, die wahrscheinlich ganz klein waren. Aber wir haben das gerne gesehen, nur, wir mussten zusehen, wie andere es gemacht haben. In digitalen Spielen können wir nun selbst handeln und die Welt in die Luft jagen. Die Virtualisierung, der Hyperrealismus, dass wir fotorealistische Abbildungen von Dingen haben, die es nicht gibt, die aber eben täuschend echt wirken und die wir dann vor unseren Augen und mit unseren Händen zerstören können, das alles eskaliert natürlich diese alte Lust am Probehandeln, an einem Handeln, mit dem wir für das wirkliche Handeln planen und trainieren oder auch nur tun, was wir in Wirklichkeit nie tun könnten oder würden.

Wenn wir auf diese Interaktivität abheben, werden dann noch Medien wie der Film oder wird dann die Literatur auf absehbare Zeit verschwinden, weil die nicht interaktiv sind?
Nein, das glaube ich keineswegs. Denn wir haben ja in unterschiedlichen Situationen höchst unterschiedliche Bedürfnisse. Lange bevor es digitale

Spiele gab, haben wir an einem Abend einen Film geguckt oder sind ins Theater gegangen und haben am nächsten Abend einen Roman gelesen. Also das Aufkommen des Theaters, die Institutionalisierung und ständige Verfügbarkeit des Theaters im 19. Jahrhundert in den Großstädten hat ja nicht dazu geführt, dass keine Romane mehr geschrieben und gelesen wurden, im Gegenteil, die besten Romane wurden vermutlich zu jener Zeit geschrieben. Und das Aufkommen des Films hat ja auch nicht den Roman oder das Theater gänzlich verdrängt. Das ist ja überhaupt ein Phänomen, das wir beobachten können, dass neue Medien ganz wesentlich zur Erneuerung der alten Medien dienen. Das Theater war nie so lebendig, jedenfalls sagen das die Zeitgenossen, wie in den zwanziger Jahren, als der Film sich durchsetzte. Der Film hat das Theater sozusagen verjüngt. Der Film hat auch definitiv dem Roman einen Schub gegeben und in das 20. Jahrhundert gebracht. Ebenso war das Fernsehen in seinem fiktionalen Kernbereich, der Fernsehserie, nie so gut wie gerade jetzt. Ich sehe da die direkte Konsequenz von Prozessen der Digitalisierung, in denen Spiele ja eine wesentliche Rolle spielen. Fernsehserien sind so etwas geworden wie audiovisuelle Romane. Sie sind nicht mehr eine

Gundolf S. Freyermuth

über Geschichte, Gegenwart und Zukunft von Computerspielen

„Lesen wird in vielen digitalen Spielen zu einer Überlebensfähigkeit."

Anreihung kleiner Theaterstücke, 24 in 24 Folgen, sondern sie gleichen ineinander verwobenen Romankapiteln und oft auch den Levels eines Spiels. 24 Kapitel oder Akte oder Level, die man eigentlich hintereinander weggucken muss, um sie wirklich genießen und kapieren zu können. Das sind direkte Folgen der Digitalisierung. Zum einen natürlich der neuen Distributionsmöglichkeiten, die solche zeitlichen Umfänge der Rezeption im Gegensatz zum Kino oder normalen Fernsehprogramm erlauben. Zum zweiten aber haben uns digitale Spiele, viele beklagen das, eingeübt, audiovisuelle Werke über mehr als zwei Stunden zu konsumieren. Große Spiele durchzuspielen dauert 40 Stunden, 50 Stunden und mehr. Wer das gewöhnt ist, kann sich auch in ein paar Tagen durch eine Fernsehserie von 24 Folgen kämpfen.

Werden denn Lesen und Schreiben, denn das ist sicherlich eine Befürchtung, die es gibt, verdrängt werden von Programmieren und Gaming? Also, was das Lesen angeht, kann nur ein Nicht-Gamer diese Frage stellen.

In keinem audiovisuellen Medium muss man mehr lesen als in digitalen Spielen. Da ist so viel kleiner Text, den man in so kurzer Zeit schnell lesen muss, damit man sich orientieren und handeln kann, damit man also überlebt. Lesen wird zu einer Überlebensfähigkeit in vielen digitalen Spielen. Mit dem hohen Schriftanteil mag es sich aber unter Umständen auch ein bisschen so verhalten wie beim Stummfilm, den man ja auch nur verstehen konnte, wenn man lesen konnte. Das mag also noch Teil der medialen Behinderung sein. Wir haben natürlich schon in der Geschichte der Spiele gesehen, wie Text verdrängt wurde, wie die Text-Adventures der siebziger Jahre grafisch unterstützt wurden und dann zu audiovisuellen Adventures wurden. Dass sie mal nur textbasiert waren, erscheint rückblickend als eine mediale Behinderung, eine Durchgangsstufe. Man muss also sehen, wie viel Text in digitalen Spielen übrig bleibt, wenn sie mal, wie der Game-Designer Jesse Schell es prophezeit und erhofft, in der Lage sind, auch unsere Gesten und unsere Worte zu verstehen und direkt zu uns zu sprechen. Aber im

Augenblick muss man sagen, nichts schult die Lesefähigkeit von Kindern mehr als digitale Spiele. Ich kann von meinem eigenen, jüngeren Sohn sagen, dass er mit vier, fünf ultimativ verlangt hat, dass wir ihm das Lesen beibringen, damit er endlich die Spiele spielen konnte, die sein älterer Bruder spielte. Und er hat es auch gelernt. Mit fünf konnte er gut lesen und spielen.

Ich habe noch eine Frage. Wir machen ja dieses Projekt, in dem wir Autoren einladen, Computerspiele zu schreiben, jenseits der technischen Machbarkeit. Was halten Sie davon?

Ambivalent. Jenseits der ökonomischen Machbarkeit, das fände ich wunderbar. Aber ich denke, in den audiovisuellen Künsten ist das Moment der technischen Machbarkeit – die Befähigung zur Manipulierbarkeit von Zeit und Raum zu Zwecken der Narration sowie die Befähigung zur wie auch immer realistischen Bildproduktion – stets ein zentrales Element des historischen Stands ihrer Form, ihrer Ästhetik. Wenn ich vor zwanzig Jahren gesagt hätte, schreibt mir einen Film und kümmert euch nicht um die technische Machbarkeit, und dann hätte mir einer einen hyperrealistischen multilinearen

interaktiven Spielfilm geschrieben, dann wäre das natürlich höchst avantgardistisch gewesen, aber eigentlich hätte er – weil er auf die technische Machbarkeit nicht achtete – im Medium des Films versucht, etwas zu machen, was erst auf einem späteren technischen Stand, dem der Spiele, sinnvoll zu realisieren und ästhetisch einzulösen sein sollte. Ähnliches, denke ich, gilt heute für digitale Spiele. Ihr technischer Stand – den es natürlich zu verbessern, vielleicht sogar zu revolutionieren gilt – ist zugleich der historische Index des Gamedesigns.

Denken Sie sich am Cologne Game Lab persönlich Spiele aus?

Also, am Game Lab produzieren wir Spiele, sowohl in der Ausbildung wie in der Forschung. Aber ich persönlich denke mir keine Spiele aus. Ich habe Romane geschrieben, Kurzgeschichten, Hörspiele, Drehbücher für Spielfilme und Dokumentarfilme, bei denen habe ich auch Regie geführt. Aber ich habe bislang noch nie versucht, ein Spiel zu schreiben. Denn Spiele schreibt man ja auch nicht. Das ist so ein anderes Problem, das ich mit diesem Projekt des Spieleschreibens habe. Spiele designt man, und das ist ein ganz anderer Prozess als sich etwas auszudenken und aufzuschreiben. Wenn wir uns

Gundolf S.
Freyermuth

über Geschichte,
Gegenwart und
Zukunft von
Computerspielen

„Lesen wird in
vielen digitalen
Spielen zu
einer Überle-
bensfähigkeit.“

angucken, wie Audiovisionen produziert werden, dann können wir sehen,
dass das ein Prozess ansteigender
Komplexität ist. Wir hatten und haben
im Theater, dem vorindustriellen
Gesamtkunstwerk, eine Anzahl not-
wendiger Gewerke: Dramatiker,
Regisseure, Schauspieler, Bühnen-,
Kostüm- und Maskenbildner und
so weiter. Und dann kam der Film, das
industrielle Gesamtkunstwerk. Und
im Film haben wir all diese Gewerke
auch, aber zusätzlich eben neue, die
filmspezifisch sind: Kamera, Schnitt,
später den Ton, die Spezialeffekte usf.
Und jetzt kommen die Games, die
digitalen Gesamtkunstwerke. Und bei
denen haben wir all die Gewerke,
die das Theater hat, plus all die
Gewerke, die der Film hat – in der
Regel natürlich virtualisiert, zum
Beispiel als Game Arts, die gewissermaßen Bühnen-, Kostüm- und
Maskenbildnerei samt die Herstellung
der schauspielernden Körper um-
fassen –, und wir haben auch wieder
neue, gamespezifische Gewerke
und Fähigkeiten: ganz wesentlich das
Gamedesign, die Entwicklung von
Spielmechaniken, Interaktionen und
Narrationen, die nicht mehr linear

sind, und dann natürlich die informa-
tische Realisierung, Game Informatics.
Mit jedem Entwicklungssprung werden
die audiovisuellen Künste also technisch wie ästhetisch komplexer. Das
ist ein kontinuierlicher Prozess, ein
Prozess auch der Kontinuität, nicht der
radikalen Brüche. Man hat den Film
ja oft für einen radikalen Bruch mit dem
Theater gehalten. Das Theater hatte
halt nur drei oder fünf Vorhänge, also
drei oder fünf Schnitte und damit
Ortswechsel und Zeitsprünge in zwei
Stunden oder so, und der Film hat
erheblich mehr. Aber an sich war das
ein kontinuierlicher Prozess immer
besserer Manipulation von Zeit und
Raum zum Zwecke narrativer Konst-
ruktionen. Mit digitalen Spielen setzt
sich das fort. In der Herstellung
dieser Audiovisionen aber geschehen
radikalere Veränderungen. Spiele
erzählen keine Handlungen, sie schaffen Handlungsräume. Und deswegen
werden Theaterstücke geschrieben
und dann inszeniert, chronologisch
inszeniert. Filme werden geschrieben,
nicht-chronologisch inszeniert und
dann endmontiert, nach dem Muster
industrieller Fertigung. Games aber
werden designt. Für Games schreibt

man keine Dramen oder Drehbücher. Für Games schreibt man auch, nämlich ein Game-Design-Dokument, aber man schreibt keine Handlungen auf, sondern man notiert die Details von Handlungsräumen und die Regeln und Konditionen des Handelns. Spezifisch fürs Design, schon für analoges Design, sind ja zwei Sachen. Zum einen die Produktion von Prototypen. Anstatt des Endprodukts stelle ich erst einmal Prototypen her, und diese ästhetischen oder funktionalen Prototypen gehen durch interaktive Veränderungsprozesse. Im analogen Bereich sind das interaktive Prozesse mit dem Material. Aber bereits in dem Augenblick, wo wir zum Prozessdesign kommen, sind es iterative Prozesse in einer Auseinandersetzung mit immateriellen Prozessen. Und im Design digitaler Spiele werden dann immaterielle Handlungsräume und Handlungsmechaniken geschaffen. Die sind äußerst komplex, die kann man sich nicht einfach mal so ausdenken, und das war's. Deren Konstruktion muss, um erfolgreich zu sein, durch iterative Prozesse gehen, zu denen ganz wesentlich gehört, dass man die Konzeption erst einmal selbst spielend ausprobiert und dann feststellt: „Pfft, geht nicht" oder „Geht super, macht nur keinen Spaß ... doof". Und dann aber, wenn es so weit ist, dass man sagt: „Jetzt, so ist es toll", dann holt man andere und lässt die spielen und schaut sich an, ob das auch für die funktioniert. Dieses Play-Testing ist ein ganz zentrales Element des Gamedesigns. Ich kenne kein gutes, kein erfolgreiches Spiel, das nicht durch diese iterativen Stufen des Designs gegangen ist. Games werden also nicht geschrieben wie die Audiovisionen von Theater, Film und Fernsehen. Games werden designt. Insofern kann all das, was in diesem Projekt von Autoren geschrieben wurde, nur ein erstes Konzept sein und müsste dann, um funktionierende Spiele zu ergeben, durch diese iterativen Design-Prozesse gehen.

Sie reden gerade von diesen Räumen, in denen Handlungen stattfinden können. Es gibt doch in Umberto Ecos „Das offene Kunstwerk" dieses eigenartige Phänomen: Er beschreibt das Kunstwerk in Bewegung, das sich dadurch auszeichnet, dass ich die physischen Bestandteile des Kunstwerkes als Betrachter mit anordne und dadurch eine andere politische emanzipatorische Situation schaffe. Das ist ja beim Spiel eigentlich auch so. Aber jetzt erzählt mir jemand vorhin von dem Rant dieser Autorin,

Gundolf S.
Freyermuth

über Geschichte,
Gegenwart und
Zukunft von
Computerspielen

„Lesen wird in
vielen digitalen
Spielen zu
einer Überle-
bensfähigkeit."

deren Namen ich vergessen
habe …

… Jane McGonigal …

… die die Gamer-Community
fragt, was ist eigentlich
mit euch los? Ihr seid wahnsinnig unpolitisch! Wie
passt das zusammen? Eigentlich müsste doch jetzt, nach
Umberto Eco, eine wahnsinnig
emanzipierte, politisch
aktive Generation heranwachsen.
Das ist ein ganz wichtiges Buch
gewesen, „Das offene Kunstwerk",
in den frühen sechziger Jahren. Ich
glaube allerdings, dass sich in
diesem Buch und vor allem seiner
Rezeptionsgeschichte zwei Dinge
vermischen. Zum einen haben wir
diese Idee der Öffnung des Kunstwerks und das ist eine Idee, die,
Bloch hätte gesagt, antizipatorisch
ist. Da wird in der Spekulation
über existierende, ich sag' das mal
so ganz thetisch, analoge Kunstwerke
im Grunde etwas antizipiert, was
sich erst digital wird realisieren können.
Das ist ohnehin eine meiner Grund-
auffassungen: Es ist nicht die Technologie, die ästhetische Entwicklungen

antreibt, sondern es sind die Sehnsüchte der Menschen, die ästhetische
Entwicklungen vorantreiben und
dann in einer Art darwinistischem Se-
lektionsprozess nur die Technologien
überleben lassen, die diese uner-
füllten Sehnsüchte erfüllen. Man kann
ja sehen, dass lange vor dem Film
diese Sehnsucht nach der optischen
Bewegung da war: Panorama, Dio-
rama, all diese Bewegungsapparate
des 19. Jahrhunderts … Und ich
denke, auch viele Thesen des „offenen
Kunstwerks" sind ein Beispiel dafür,
dass die Sehnsüchte nach offenen,
interaktiven Medien, die ganz wesentlich von dem, was man früher das
Publikum nannte, mitkreiert werden,
also wo die ästhetischen Erfahrungen
ko-kreiert werden, lange schon kulturell existierten. Der Siegeszug digitaler
Technologie, zum Beispiel digitaler
Spiele, rührt schlicht daher, dass diese
Sehnsüchte nun erfüllt werden. Da
war nicht unverhofft eine Möglichkeit,
eine Technik, und dann sagte jemand:
„Och, dann machen wir mal ein Computerspiel." Der Wunsch nach der
Auflösung des geschlossenen Kunstwerkes existierte vorher und autonom, unabhängig von existierenden

Kunstwerken. Das ist das eine, der antizipatorische Charakter von Ecos Gedanken. Aber das andere, das sich da reinmischt, ist, dass das unbedingt etwas mit Politik zu tun haben müsse. Das ist zeitspezifisch. Das erklärt sich, weil diese Zeit unbedingt etwas mit Politik zu tun haben musste und wollte. Und weil das Buch, wie wir alle wissen, vier, fünf Jahre vor dem großen Knall erschien und dann in diesem Sinne rezipiert wurde.

Das heißt, die Emanzipation des Lesers, Zuschauers, Users, Spielers gegenüber der Erzählung hat mit Politik nichts zu tun?

Muss mit Politik nichts zu tun haben. Aber viele Produzenten von Serious Games haben ja durchaus den Wunsch, die Welt zu verändern. „To make it a better place", wie Jane McGonigal sagt. Es gibt ja eine wachsende Anzahl von Menschen, die sich dieses neuen Mediums bedienen wollen, um politisches Bewusstsein zu bilden. Aber das ist kein zwangsläufiger Kontext. Die Emanzipation des Publikums vom Werk oder das interaktive Eintreten des Publikums in das Werk, die Öffnung des Werkes als Handlungsraum, hat nicht zwangsläufig eine politische Konnotation. Das hat zunächst einmal vor allem

eine ästhetische Konnotation. Die Hoffnung derjenigen, die Games for Change machen, ist ja, dass Spiele aufgrund ihres interaktiven Charakters solche Bewusstseinsbildung in einem höheren Maße befördern könnten als primär passiv rezipierte audiovisuelle Medien wie Film und Fernsehen. Aber ob das stimmt, wissen wir nicht. Das werden wir erst noch sehen.

Sie haben es, glaube ich, schon mal angerissen: Warum schließen sich Film und Spiel aus? Sie schreiben, da, wo Film ist, ist nicht Spiel und wo Spiel ist, ist nicht Film.

Film und digitale Spiele erfüllen meiner Ansicht nach ganz unterschiedliche Bedürfnisse, das kann man am eigenen Leib nachvollziehen. Manchmal kommt man nach Hause und sagt, jetzt lese ich oder ich gucke mir einen Film an oder ein paar Folgen einer Fernsehserie, und manchmal kommt man nach Hause und sagt, jetzt spiele ich ein Spiel. Das ist stark von dem Alltag, aber auch der Situation abhängig. Wenn ich nach Hause komme und ich bin alleine, spiele ich vielleicht eher ein Spiel. Wenn da noch drei, vier andere sind, gucken wir vielleicht zusammen einen Film, aber vielleicht gucken auch zwei den

einen Film und zwei den anderen. Das ist ja nicht mehr so, dass irgendwie das Kino oder der Fernseher noch das Lagerfeuer wären, um das sich alle versammeln. Es gibt also situative Bedürfnisse und es gibt psychologische Bedürfnisse, die mit dem Verlauf des Tages zu tun haben. Aber die Erfahrung, die ich dann mache, wenn ich einen Film schaue oder ein Spiel spiele, ist gänzlich unterschiedlich, weil ich mich in einem Fall auf die Fantasie von anderen Menschen einlasse und durch sie durchgeführt werde, was eine große und lustvolle Erfahrung sein kann. Ich habe schließlich jahrzehntelang Filme geguckt, bevor ich vergleichbare Spiele gespielt habe, weil es sie vorher gar nicht gab. Und solche Erfahrungen will man auch weiterhin. So wie ich auch manchmal einen Roman lesen will und nicht einen Film gucken. Und in anderen Situationen will ich aber da nicht passiv sitzen, sondern ich will mir eine Erfahrung erobern. Ich will mir eine Welt erobern. Ich will mich mit anderen messen. Ich will mich an mir selbst messen. Ich will endlich ein besseres Ergebnis hinkriegen, als ich es vor drei Abenden

hingekriegt habe. Endlich mal durch das Level durchkommen oder so. Deswegen werden in Spielen Cutscenes – Sequenzen, die einfach ablaufen, um die Geschichte voranzutreiben und in denen ich wie in einem Film nicht handeln kann – von vielen Spielern wahrgenommen wie Werbung im Fernsehen. Als etwas, wo man direkt drüber weg will. Stellen Sie sich vor, Sie würden Auto fahren und alle zehn Minuten hört die Steuerung auf zu funktionieren und der Wagen fährt sich für eine Weile selbst. Das wäre frustrierend, denn entweder fahre ich Auto, oder ich sitze im Bus und werde gefahren. Das sind unterschiedliche Erfahrungen, im Wortsinne, und wenn das ständig hin und her geht, funktioniert das nicht. Und insofern, denke ich, haben Filme und Spiele wenig miteinander zu tun, was die ästhetische Erfahrung betrifft. Sie sind als Medien natürlich eng aufeinander bezogen. In großen Bereichen sind dieselben Talente und dieselben Techniken erforderlich. Die Leute zum Beispiel, die heute die Visual Arts für einen Film machen, und die Leute, die Game Arts für ein Spiel machen, benutzen dieselben

Programme und müssen auch recht weitgehend über dieselben Fähigkeiten verfügen. Sie müssen sie allerdings je nach Medium unterschiedlich einsetzen. Das kann man, glaube ich, gut vergleichen mit Maskenbildnern, die im Prinzip dieselben Fähigkeiten und Werkzeuge haben müssen, sie aber medienspezifisch einsetzen, also vereinfacht gesagt im Theater die Schminke etwas dicker auftragen müssen als im Film. Wenn man also Film und Spiel als zwei Kreise sehen würde, dann überlappen die sich ein Stück weit. Aber der große Rest existiert unabhängig voneinander. Filme und Spiele befriedigen ganz unterschiedliche Bedürfnisse und deswegen können sie sich nicht gegenseitig ersetzen, die Filme nicht die Spiele und die Spiele nicht die Filme.

Wir wollten eigentlich ganz am Anfang gefragt haben, worüber wir unbedingt reden müssen. Gibt es noch was von Ihnen, was Sie sozusagen unbedingt gerne drin hätten? Eine Frage wird ja seit Jahren sehr häufig gestellt: Wollen die Leute denn dieses ständige Interagieren? Und meine Antwort lautet immer: Ich glaube, dass wir im Augenblick Zeugen eines erneuten historischen Umschwungs oder Rückschwungs sind, was das Verhalten einer Mehrheit von Menschen gegenüber ästhetischen Artefakten angeht. Wir wissen ja aus früheren Zeiten, wie schwer es war, die Menschen vom Interagieren abzuhalten, zum Beispiel das Publikum im Theater des 18. und 19. Jahrhunderts ruhig zu stellen. Die Theatersäle waren ja nicht abgedunkelt, die Leute sahen sich gegenseitig. Und wenn Sie zeitgenössische Zeichnungen, Grafiken, Gemälde von Theatersituationen betrachten, dann sehen Sie sehr oft, wie die armen Schauspieler da vorne spielen und das Publikum miteinander redet. Oder die Herren gucken mit dem Opernglas nicht zu den Schauspielern auf der Bühne, sondern zu der hübschen Frau dort drüben. Das heißt, man hat untereinander interagiert und man hat auch mit den Schauspielern auf der Bühne interagiert, ihnen Lob oder Schmähung zugerufen. Den Tunnelblick, den wir heute vom Theater kennen, durch die abgedunkelte Guckkastenbühne, den hat ja erst Wagner eingeführt, im Grunde als protocinematische Form. Wagner hat damit aus ästhetischen Gründen etwas vorweggenommen, das der Film dann aus technischen Gründen brauchte: die Abdunkelung. Und auch diese Anekdoten, die man aus der Frühzeit des Kinos kennt, wie schwer es war, die Leute davon abzuhalten, Tomaten oder faule Eier gegen die Leinwand zu schmeißen,

Gundolf S.
Freyermuth
⊢⌐
⊥⊓
⊢⌐

über Geschichte,
Gegenwart und
Zukunft von
Computerspielen

„Lesen wird in
vielen digitalen
Spielen zu
einer Überle-
bensfähigkeit."

wenn der Film schlecht war – bis
das Publikum also begriff, dass es im
Gegensatz zur vertrauten Theaterer-
fahrung an dem, was da ablief, nichts
mehr ändern konnte, dass man eben
nicht die Schauspieler traf, sondern
sich nur selbst den Anblick des Films
ruinierte, weil die Leinwand nun
dreckig war. Also, die Leute ruhig zu
kriegen, zur Passivität zu dressieren,
das war sehr, sehr schwer und ist
im Grunde erst im ersten Drittel des
20. Jahrhunderts gelungen. Und
jetzt erleben wir den historischen Ge-
genschlag. Dafür gibt es gute Gründe.
Denn das sind ja keine Prozesse,
die aus dem Nichts kommen, in denen
spiegeln sich die Notwendigkeiten
der Arbeit und des kulturellen Alltags.
In der Industrialisierung eben das
Sich-der-Maschine-Anpassen. Ruhig
warten, bis die Bahn kommt. Am
Schalter immer geduldig und stumm
einen Platz vorrücken. In der Schule
und im Büro ruhig sitzen und die
Aufgaben erledigen, die einem vorge-
setzt werden. Also ein standardi-
siertes passives Verhalten, das
wie fremdgesteuert wirkt, aber eben
selbstgesteuert sein muss. Der
Film passt dazu, denn er ist eine

fremdgesteuerte Audiovision, deren
Bildern und Tönen ich selbstgesteuert
hinterher muss, um mitzukommen,
um zu verstehen und zu genießen, was
da passiert. Die digitale Wissensarbeit aber, deren Aufstieg wir seit einigen Jahrzehnten erleben, hat ganz
andere Anforderungen. Die braucht
mehr als passive Aktivität. Wir
können uns nicht mehr Wissen allein
wie durch einen Trichter reinzwingen
lassen, um es danach ein Leben
lang anzuwenden, sondern wir müssen
lernen, wie wir uns für neue Aufgaben
selbständig neues Wissen aneignen,
um es dann recht eigenverantwortlich
anzuwenden. Das heißt, digitale
Wissensarbeit erfordert Eigeninitiative
und Interaktion. Drückte, wie Walter
Benjamin meinte, der Film zum einen
die industrielle Gesellschaft aus
und übte zum anderen auch in sie ein,
so gilt dasselbe jetzt für Spiele. Sie
drücken zum einen die digitale Kultur
aus und sie üben zugleich in sie ein.
Digitale Spiele profitieren von der
sich mit der gesellschaftlich notwen-
digen Arbeit verändernden Haltung
des Publikums – der Nutzer, der Spieler.
Insofern erleben wir, dass die Bereitschaft abnimmt, sich über längere

Zeiten ausschließlich passiv berieseln zu lassen, und dafür nimmt die Bereitschaft zu, sich interaktiv zu unterhalten. Spieler erleben die Notwendigkeit der aktiven Entscheidung, um die es bei den meisten Spielen zentral geht, eben nicht als Last, sondern als Lust.

Wenn Sie vielleicht einen Zukunftsausblick machen könnten: Wie ist es Ihrer Meinung nach? Gehen die Spiele mehr in die reelle Umgebung, oder ist es so, dass ich eine Brille habe und alle möglichen sensitiven Erlebnisse dazukommen?
Was wir beobachten, ist ein Prozess steter Ausdifferenzierung. Spiele waren durch die materiellen und technischen Rahmenbedingungen lange Zeit an gewissen Orten gefangen. Ein Brettspiel spiele ich am Tisch, denn zu viert in der U-Bahn ist es nicht so einfach zu spielen. Und ein Computerspiel spielte ich am Schreibtisch, denn da stand der Computer. Nun dringt das Spielen durch die Virtualisierung und die Verfügbarkeit kleiner vernetzter Geräte in die Öffentlichkeit. Das hat Spielen sozusagen mit dem Telefonieren gemein. Ich muss ja auch nicht mehr Zuhause sitzen und am Schreibtisch telefonieren oder im Wohnzimmer, sondern ich kann jetzt in der U-Bahn der ganzen Welt meine Probleme verkünden. Ebenso spielen die Leute in der U-Bahn und sonst wo alle möglichen Spiele. Zum einen also werden die Spiele, wie sie sind, ubiquitär. Zum zweiten entwickeln und verändern sie sich aber durch eine Anzahl neuer Interfaces. Teilweise haben die natürlich schon zur Mobilität beigetragen. Denn mit einer Maus in der U-Bahn zu hantieren, das ginge nicht so gut. Es ist das Touch-Interface, das es mir erlaubt, mit meinen Spielen in die Welt hinauszugehen. Aber es entwickeln sich noch andere neue Interfaces neben dem Touchscreen. Denken Sie an Sprache, Gesten oder Dinge wie „Oculus Rift", wo ich per Headset in 3-D-Welten eindringen kann und mich von der Außenwelt komplett abkapsele, dafür aber mit anderen Spielern vernetze, die in einem anderen Zimmer oder am anderen Ende der Welt sitzen können. Was wir also sehen können, ist eine sehr, sehr starke Ausdifferenzierung von Spielen.

Man sagt, dass es eine Tendenz gibt, dass, wie die Filme sich dem Spiel angleichen, auch immer mehr Firmen ihr Arbeitsumfeld an Spiele angleichen müssen, um für zukünftige Arbeitnehmer attraktiv zu sein. Gab es dahingehend schon Anfragen, gab es schon Berührungspunkte mit der Industrie?

Nein, daran haben wir bislang medientheoretisch geforscht. Ergebnisse finden sich zum Beispiel in dem Band zu „Serious Games, Exergames, Exerlearning", den ich mitherausgegeben habe. Gamification ist ja ein wichtiges Phänomen. Neue Technik führt immer dazu, dass man Arbeitsprozesse umorganisiert. Die industrielle Fabrik ist entstanden, und deren Muster linearer Prozesse, die auf eine Endmontage zulaufen, hat sich dann auf die Verwaltung ausgedehnt: hierarchische Strukturen, klare Abfolgen, das eine muss erst erledigt sein, bevor das andere gemacht werden kann. Darin spiegelten sich die Notwendigkeiten industrieller Produktion. Doch jetzt wächst der Anteil von Wissensarbeit und immaterieller Produktion an der Wertschöpfung. Lineare Produktionsweisen sind dafür immer weniger nötig. Man kann viel mehr das, was früher in der industriellen Produktion eine Phase war, nämlich das Design und seine iterativen Zirkel, auf den gesamten Prozess ausdehnen, weil man gewissermaßen kein

Material wegschmeißen muss, sondern das immer wieder überarbeiten kann. Das bedeutet aber, dass wir diese hierarchischen linearen Strukturen immer weniger benötigen. Wir können spielerischer verfahren, experimenteller. Neben der eher äußerlichen Gamification, dass man etwa mit wettkämpferischen Punktesystemen die Mitarbeiter anfeuert, ist viel grundsätzlicher, dass man viele Prozesse, die immer noch so ablaufen wie sie im Zeitalter von materieller Produktion abliefen, heute infrage stellen kann. Das heißt, hier stehen Umorganisierungsprozesse an – von linearen zu nonlinear-interaktiven Prozessen. Nehmen wir nur das Beispiel von Textproduktion, ob nun im Geschäftsleben oder in der Wissenschaft, ob in der staatlichen Verwaltung oder in der Literatur. Es muss nicht erst einer eine Fassung schreiben und dann schreibt der nächste weiter und um. Mehrere Autoren können über einen beliebigen Zeitraum verteilt an demselben Dokument arbeiten. Mit Cloud-Software wie Google Docs kann jeder Schreibprozess interaktiv, iterativ, spielerischer werden. Damit werden auch ungeliebte Aufgaben für die Beteiligten erträglicher. Ich denke, es war für die meisten Menschen immer schon angenehmer, spielerisch zu arbeiten als in dieser industriellen Zwangsorganisation. Aber das gilt noch mehr für die nachwachsenden Generationen, die so stark mit digitalen Spielen sozialisiert sind und denen – darauf richtete sich ja die Frage – es noch schwerer fällt, sich in diese überkommenen Strukturen einzufügen. Und insofern macht Gamification in ihren verschiedenen Varianten sehr viel Sinn – weil sich mit ihr sowohl Zugewinne an Produktivität verbinden als auch eine gesteigerte Motivation der Mitarbeiter.

Ich bin gar nicht so sicher mit dem Spielen ... es hat ja auch immer einen Anteil von Wettbewerb dann. Man kann ja auch verlieren im Spiel. Das heißt das gemeinsame Arbeiten auf Google Docs ... dabei kann ich verlieren, wenn ich am wenigsten beitrage, wenn ich die schlechtesten Dinge beitrage, wenn ich nicht originell genug ...

... wenn mir einer alles wieder rausstreicht, was ich reingeschrieben habe ...

... dann habe ich dieses Spiel verloren.

Ja, dann haben Sie ein bisschen verloren. Aber so ist das Leben. Nicht nur, weil es immer tödlich endet, sondern weil es zwischendurch viele kleine Gewinne und Verluste gibt. Spiele betonen diesen Wettbewerbscharakter, weswegen das Spielen evolutionsgeschichtlich lange vor der Menschheit entstanden ist. Spielen übt ein für eine Wirklichkeit, in der man jederzeit sterben kann. Oder zumindest das Essen für heute Abend verlieren, wenn einem die Jagdbeute entkommt. Die meisten Spiele drehen sich um Gewinn und Verlust, weil das Leben sich um Gewinn und Verlust dreht. Bis wir schließlich vor unserem Endspiel und dem Endboss stehen. ∎

Aboud Saeed

Cyberklone auf Facebook I

Stell dir vor, es gäbe nichtmenschliche Wesen, die uns in ihren Gewohnheiten, ihrem Verhalten und ihrem Denken so ähnlich wären, dass wir sie nicht von uns Menschen zu unterscheiden wüssten. Stell dir vor, sie wären einfach da, würden herumlaufen, sprechen und Kleider tragen. Stell dir vor, wir würden Beziehungen mit ihnen führen. Ohne zu ahnen, dass sie keine Menschen sind.

Wo wäre denn das Problem bei solchen Beziehungen? Solange sie unsere Bedürfnisse und unsere Komplexe befriedigen, unsere Leere füllen und unsere Fragen beantworten. Manchmal sind die physischen und chemischen Abläufe, die es zwischen Menschen gibt, wie Sex zum Beispiel, eher zweitrangig. Wenn man sich sogar in einen Gorilla verlieben kann wie das blonde Mädchen im Film „King Kong" oder wie die junge Chirurgin in „Stadt der Engel" in engel- oder geisterhafte Wesen. Das ist die Kraft mentaler und emotionaler Simulation, der es egal ist, wer oder was das Gegenüber ist, welche physische Beschaffenheit er oder es hat oder welche chemischen Prozesse in seinem Inneren ablaufen.

Jetzt eine grundsätzliche Frage: Ist Facebook eigentlich eine virtuelle oder eine reelle Welt?

Ich glaube, ich kann mit Sicherheit behaupten, dass es sich bei Facebook um eine reelle Welt handelt, die nicht das Geringste mit Virtualität zu tun hat. Nichts, aber auch gar nichts auf Facebook bewegt sich ohne das Zutun menschlicher Wesen. Jede Bewegung und jedes Ereignis, das dort stattfindet, kommt nur zustande, wenn menschliche Wesen mit ihresgleichen in diesem Raum interagieren. Das heißt, am Ende hast du es auf Facebook immer mit einer realen Person aus Fleisch und Blut zu tun wie du selbst auch eine bist. Egal, welches Profilbild oder welchen Nutzernamen er oder sie hat, letzten Endes ist derjenige, der da mit dir kommuniziert, immer nur ein Mensch. Ein Mensch mit einem Gehirn und mit Gefühlen. Ein Mensch, der mit hundertprozentiger Sicherheit isst, trinkt, sich ab und zu zurückzieht, lacht, scherzt, wütend wird, sich schämt, lügt und dessen gesamte

Aboud
Saeed

Cyberklone auf
Facebook

Aus dem
Arabischen von
Sandra Hetzl

Reaktionen und Interaktionen von Überlegungen bestimmt werden, die alles andere als virtuell sind.

Wie wäre es nun, wenn es Facebook-Profile gäbe, mit ganz normalen Personennamen oder mit irgendwelchen Phantasienamen, Profile, die Freunde hinzufügen, Freundschaftsanfragen akzeptieren oder ablehnen, bei anderen Kommentare hinterlassen, schreiben „woran sie gerade denken", mit ihren Facebook-Freunden chatten ... Jedoch keine gewöhnlichen Fake-Profile, hinter denen sich am Ende doch wieder nur Menschen verbergen. Ich spreche von den Profilen virtueller Wesen.

Ein intelligentes Programm manövriert all ihre Handlungen, ein stets wachsender Datenspeicher bestimmt die Art ihrer Aktivitäten, ihren Intelligenzgrad und die Kriterien, nach denen sie Freunde auswählen oder ablehnen. Ihr Sprachschatz basiert auf einem digitalen Gedächtnis, das die Begriffe nach einem Wiederholungsschema speichert. Dabei sorgt das Programm natürlich dafür, dass diese Wörter an der richtigen Stelle benutzt und zu sinnvollen Sätzen zusammengesetzt werden.

Das Facebook-Cyberwesen entwickelt sich selbst automatisch weiter, durch ständige Akkumulation, da all seine Handlungsprozesse gespeichert werden und wiederum die Voraussetzung für die nächste Handlung bilden. Man muss sich ihr Dasein aber nicht wie das von Viren vorstellen. Ich spreche hier von Wesen, die sich sowohl gegenseitig als auch die Menschen, mit denen sie interagieren, stimulieren würden. Das wäre eine ganz neue Dimension von Spaß. Neue Bedeutungen würden entstehen und sicher auch neue Werke in Literatur und Musik, unbekannte Arten von Gesprächen. Die Anwesenheit dieser Wesen wäre konstruktiv.

Stellen wir uns vor, da wären auf Facebook neue Settings, ein zusätzlicher Funktionsbereich, wo jeder User sich sein

Cyberwesen aus seiner persönlichen Welt, also aus seinem eigenen Facebook-Profil klonen könnte: Jedem User würde es freistehen, ein Cyberwesen zu erschaffen, dessen Eigenschaften er mithilfe jenes Programms anhand der Online-Aktivitäten und geistigen Fähigkeiten seiner existierenden Facebook-Freunde und Follower gestalten könnte.

Ich weiß weder, nach welchem Mechanismus dieses Programm funktionieren müsste, noch, wie man ein Cyberwesen klont. Aber ich kann mir gut vorstellen, dass durch die Existenz solcher Wesen nie gesehene Arten von Literatur, Lyrik, Prosa und Statusmeldungen entstehen würden. Kultureller Ausdruck, der alle geistigen Fähigkeiten der Menschheit übersteigen würde. Ein völlig neuer Raum würde sich auftun. Eine virtuelle Vorstellungskraft, die von einem virtuellen Gehirn ausgeht, wäre hier am Werk. Eine reine, von menschlichen Gefühlen gänzlich freie Literatur würde entstehen. Alle bisherigen Versuche von Menschen, nüchtern, abstrakt oder emotionslos zu schreiben, waren letzten Endes nie frei von Gefühlen. Und sei es nur vom Gefühl zu lügen. Doch die Vorstellungskraft dieser Wesen würde eben von keinem menschlichen Gedächtnis bestimmt werden. Es wäre die Phantasie virtueller Wesen. Ich male mir aus, wie wir neue, üppige Sphären erreichen werden. Ich stelle mir Liebesgeschichten vor, zwischen reellen und virtuellen Personen, die völlig unerwartet verlaufen würden, anders als all unsere Liebesgeschichten, anders selbst als die tollkühnsten Geschichten aus Büchern oder Filmen. Neue Geschichten, anders ausgedrückt.

Diese Cyberwesen hätten zwar im Moment ihrer Geburt etwas wie ein primitives, auf menschlichen Facebook-Profilen basierendes Gedächtnis. Doch gleich darauf würden sie sich von alleine weiterentwickeln. Immer weiter, immer schneller. Eine neue Sprache würde entstehen, ein neues Leben. Ein Leben, das uns Menschen irritieren würde und ganz neue Gefühle und ungeahnte Reaktionen in uns hervorrufen würde. Vielleicht würden diese Cyberklone auch untereinander völlig neuartige Umgangsweisen entwickeln, die dann wiederum auf uns Menschen abfärben würden.

Das Besondere an so einem Cyberklon ist, dass er ab einer gewissen Menge an Daten vollkommen außer Kontrolle gerät und sich verselbständigt. Rasend schnell entwickelt er sich weiter und handelt autonom. Niemand kann ihn mehr aufhalten. Und wie gesagt, das hat nicht unbedingt etwas Negatives zu bedeuten.

Vielleicht hätte diese Erfindung aber auch gar keine so großen Auswirkungen. Vielleicht würde sich der Einfluss, den die Cyberklone auf nicht-virtuelle Wesen hätten, in Grenzen halten. Oder aber ihre Existenz würde auf noch ganz andere Bereiche unseres Lebens Einfluss nehmen. Vielleicht hätte eine solche Erfindung auch einen bloßen Unterhaltungscharakter, nichts weiter als ein bisschen Spaß.

Letzten Endes kommt die virtuelle Welt jedoch nicht darum herum, sich weiterzuentwickeln und eine eigene Seele zu erlangen. Sonst wird sie immer nur ein starres Abbild bleiben. Eine Geisel der reellen Welt. ∎

Carlos Labbé

Navidad & Matanza

Das „Albur"-Computerspiel beruht auf meinem Roman „Piezas secretas contra el mundo", aber nicht als Adaption, sondern eher als Verwirklichung des Computerspielszenarios, das das mysteriöse Zentrum des Buchs darstellt. Schon auf der ersten Seite von „Piezas secretas contra el mundo" trifft der Leser auf die Stimme des Erzählers, eines IT-Professors, der damit beauftragt ist, über das Dissertationsvorhaben eines Studenten der Computerspielwissenschaften zu informieren; der Student wird beschuldigt, ein Feuer in den Räumen des Colleges gelegt zu haben. Besagte Dissertation ist nichts anderes als ein Computerspielszenario namens „Albur" plus einigen Hinweisen für die Produktion des Spiels sowie einem faszinierenden bekenntnishaften Blog eines siebzehnjährigen Mädchens aus Albur, einem kleinen Dorf im chilenischen Patagonien.

Im Buch wird das Computerspielszenario in 18 Kapiteln entfaltet, die in zwei Levels und sechs alternative Stages unterteilt sind. Der Leser kann von einer Stage zur anderen springen und dabei der vom Erzähler empfohlenen Seitenauswahl folgen. Zusätzlich können manche Wahlmöglichkeiten den Leser unerwartet zu den Produktionshinweisen oder zu dem Blog des Mädchens führen. Und dann wird es mysteriös: Während im Spielszenario das kleine Dorf Albur als eine verwüstete Landschaft geschildert wird – eine Geisterstadt ohne irgendwelches Leben zwischen den Trümmern –, beschreiben Produktionshinweise und Blog Albur als eine wilde und lebendige Gegend, als eine Stadt, die von einem großen See und einem Wald umgeben ist, in der die Menschen mit den Auswirkungen eines kollektiven Experiments konfrontiert sind, das Umweltverschmutzung durch Fischzucht, religiösen Eifer, allgegenwärtige Kameras und eine wachsende Reihe ermordeter Teenager einschließt.

Am Ende des Buchs erfährt der Leser, dass das Computer-spiel über Alburs düsteres Schicksal berichtet: Seine Einwohner im Teenager-Alter sind das Ziel eines radikalen Shooter-Spielprojekts, das die Produktionsfirma des Spiels in Allianz mit der Universität aufgezogen hat; dabei werden entlegene Gebiete der Dritten Welt in Zonen echter Gewaltanwendung für Computerspieler aus der Ersten Welt umgewandelt.

Auch das Computerspiel „Albur" sollte mit diesem Plot arbeiten, es sollte eine ähnliche Dramaturgie wie der Roman be-nutzen, aber eine andere Erzählweise, da Bücher und Spiele mit jeweils unterschiedlichen Zeiterfahrungen operieren. Bei seinen ersten Interaktionen wird der Spieler sich in der rußgeschwärzten Landschaft rund um Albur wie in einem Open-World-Spiel auf-halten. Nur die interaktiven Gegenstände und die Stimme des Erzählers werden Anhaltspunkte für eventuelle Entscheidungen liefern. Von Zeit zu Zeit aber wird der Spieler die andere Seite der Geschichte erleben können; er wird sich dafür entscheiden kön-nen, in der Perspektive der Vergangenheit (der mit Leben erfüllten Ortschaft) oder in der Perspektive der Zukunft (der düsteren Wüstenei) zu spielen, um erschließen zu können, was in Albur geschehen ist. Hält der Spieler sich in der Vergangenheit Alburs auf, wird er auch zwischen der Rolle des Schützen oder des Ziel-objekts, des Jägers oder der Beute, des Übeltäters oder des Opfers zu wählen haben.

„Albur" ist so angelegt, dass seine genuinen Mechanismen und ideologischen Implikationen als solche erfahrbar werden sollen, ein Trend, wie er sich, angefangen mit „The Stanley Parabel" (2011), augenblicklich in meta-fiktionalen Computerspielen ab-zeichnet. Auf diese Weise könnte das Spiel das Konzept von folgen-loser Gewalt, das populären Spielen wie „Grand Theft Auto" oder „Call of Duty" zugrunde liegt, reflektieren; es würde auch die in diesen Spielen angelegten Diskriminierungsmechanismen und geopolitischen Asymmetrien herausarbeiten. Auf diese Weise würde „Albur" verdeutlichen, was Gewalt als Unterhaltung be-deutet, welchen Schatten sie wirft, einen unbemerkten Schatten, der das symbolische Andere darstellt, und auch, wie dieses Andere

Carlos
Labbé

Albur

Aus dem
Englischen vor
Dirk Höfer

in das Spiel eindringt und es gegen den Spieler wendet, der doch davon ausgeht, dass seine Couch ein sicherer Ort ist. Diese Doppelsinnigkeit von Gewalt ist, neben der Verortung des Spiels, auch in dem Namen des Computerspiels angelegt: „Albur" ist ein hispanoamerikanisches Wort, das „Ambivalenz" und „Wortspiel", aber auch „Chance" bedeutet. ∎

Ryad Assani-Razaki

Agent Mnemosyne I

Konzept

In diesem Rollenspiel kann der Spieler in einer Vielzahl von Charakteren agieren, die alle eigene Persönlichkeitsmerkmale aufweisen. Die Persönlichkeitsmerkmale der Charaktere stellen den wichtigsten Aspekt des Spiels dar, denn um zu gewinnen, muss der Spieler sich in die Psychologie jedes einzelnen Charakters einfinden und dessen Aktionen vorhersehen können.

Die zugrundeliegende Story

Sie sind Ade Ilejo, ein brillanter nigerianischer Neurologe mit hervorragender Ausbildung, dem fast das Kunststück gelungen wäre, den Nobelpreis zu gewinnen, wäre nicht sein Privatleben von einem dramatischen Ereignis heimgesucht worden. Seine Frau wurde brutal vergewaltigt und getötet. Aufgrund der Ermittlungen wurde Ilejo fälschlicherweise für schuldig befunden, und er wurde ins Gefängnis gesteckt, musste jahrelange psychologische Behandlung über sich ergehen lassen und seine Karriere ging in die Brüche. Nach seiner Entlassung aus dem Gefängnis beschließt Ilejo, sein Haus und seinen Besitz zu verkaufen und irgendwo hinzuziehen, wo er Ruhe findet. Beim Aufräumen und Packen im Haus stößt er auf ein geheimes Tagebuch, das von seiner Frau geführt worden war. Bei den Einträgen handelt es sich um kleine Gedichte, deren Bedeutung allen möglichen Interpretationen offensteht, aber für Ilejo wird beim Lesen ein düsterer Umstand nach und nach zur Gewissheit: Vergewaltigung und Tötung seiner Frau waren nicht die Tat eines Fremden. Leute aus seinem näheren und nächsten Umfeld waren an der Geschichte beteiligt. Jemand hatte es auf seine Forschungsarbeiten abgesehen, und seine Frau musste dahinter gekommen sein. Man hatte sie ermordet, um sie zum Schweigen zu bringen; die Vergewaltigung diente lediglich der Verschleierung. Aber würde er die Wahrheit aufdecken können? Ilejo beschließt, die Polizei aus der Sache herauszulassen und auf eigene Faust zu ermitteln. Auf eigene Faust, weil er einen Weg weiß.

Ilejos Forschungsarbeiten

Ilejo hatte auf dem Gebiet der Erinnerungsextraktion geforscht. Seine Untersuchungen waren, bevor sie so abrupt unterbrochen wurden, darauf angelegt, eine Droge zusammenzustellen, die es einem Menschen erlauben würde, die Erinnerungen anderer Menschen als die seinigen zu erfahren. Dem Mittel hatte er den Namen Agent Mnemosyne – kurz Agent M. – gegeben. Sobald Agent M. mit dem Blut eines Individuums A (dem Subjekt) versetzt und dann in die Venen eines Individuums B (dem Tester) injiziert wird, erlebt der Tester ein „High". Er geht in eine Parallelrealität ein, in der er das Subjekt ist und manches aus dessen Erinnerungen nachvollziehen muss. In anderen Worten, der Tester wird in die Vergangenheit des Subjekts versetzt und hat die Möglichkeit, dessen Erinnerungen nachzuerleben. Als Ilejo in Haft kam, war Agent M. nahezu fertiggestellt und musste nur noch getestet werden. Zurzeit wird es in einem Hochsicherheitslabor der Regierung aufbewahrt. Gelänge es Ilejo, sich seine eigene Erfindung wieder anzueignen und sie bei den Leuten aus seinem Umfeld anzuwenden, dann, so glaubt er, hätte er eine Chance, in ihre Vergangenheit zurückzukehren und die Motive für die Ermordung seiner Frau zu eruieren und so den wahren Mörder zu finden.

Agent Mnemosyne

Im Spiel besteht Ilejos erste Mission darin, eine Möglichkeit zu finden, in das hochgesicherte Regierungslaboratorium (seinen einstigen Arbeitsplatz) einzudringen und die ungetestete Version von Agent M. zu entwenden. Bei dieser Aktion bekommt Ilejo die Formel von Agent M. in die Hand; in seinem privaten Labor hat er die Möglichkeit, sie zu analysieren. Er stellt fest, dass die Droge nach seiner Inhaftierung noch erheblich weiterentwickelt worden ist. Vermutlich war er reingelegt und ins Gefängnis gesteckt

Ryad
Assani-Razaki

Agent Mnemosyne

Aus dem
Englischen von
Dirk Höfer

worden, weil er nicht mitbekommen sollte, dass die Regierung seine Arbeit für illegale Zwecke missbrauchte. Offenbar hat man die Formel jedoch nicht in den Griff bekommen, sodass das Projekt schließlich aufgegeben wurde. Bei gegenwärtigem Forschungsstand, das kann Ilejo feststellen, erlaubt Agent M. Folgendes: Wenn die Chemikalie für einige Stunden benutzt wird, versetzt sie den Tester, der in die Haut des Subjekts schlüpft, bis zu einem bestimmten Punkt in dessen Vergangenheit. Um die Erinnerung zu vervollständigen, muss der Tester genau die Handlung ausführen, von der er annimmt, dass auch das Subjekt sie ausgeführt hat. Wie das Subjekt handelte, darüber gibt Agent M. jedoch keinerlei Auskunft. Dies muss der Tester erraten. Wenn er irrt oder etwas tut, was das Subjekt nicht getan hätte, nimmt seine geistige Gesundheit Schaden. Wenn zu viele Vermutungen falsch sind, wird der Tester völlig den Verstand verlieren, sein Gehirn wird in einen vegetativen Zustand verfallen.

Psychologische Forschung

Ilejo beschließt, die Droge als erstes bei Maria, der besten Freundin seiner Frau, einzusetzen. Maria würde bestimmt etwas wissen. Doch um an ihr Blut zu gelangen, muss er ihr nahe genug kommen. Einfach zu ihr zu gehen und sie darum zu bitten, wäre sicherlich keine gute Idee. Ilejo ist sich durchaus bewusst, dass er als geisteskranker Krimineller, Mörder und Vergewaltiger gilt. Doch er wird alles dafür tun, sich Maria wieder gewogen zu machen. Langsam kommt er Maria näher und nutzt jede Gelegenheit, ihr Verhalten zu beobachten. Denn wenn er sie gut genug kennt, wird er viel besser vermuten können, welche Handlungen er unter Einfluss von Agent M. in den Erinnerungen Marias durchzuführen haben wird. Er beobachtet Maria in unterschiedlichen Situationen und sieht, wie sie reagiert. Sobald Ilejo glaubt, sie so gut zu kennen, dass er ihre Bewegungen vorhersehen kann, wird er die Dame unter Drogen setzen und ihr Blut entnehmen. Hat er erst einmal das Blut, wird er es mit Agent M. versetzen und es sich selbst injizieren. Er wird sich in Maria verwandeln, und zwar an einem bestimmten Punkt ihrer Erinnerungen.

Erinnerungstrips

In seinen Erinnerungstrips wird Ilejo, je nachdem, wer er gerade ist, verschiedene Fähigkeiten haben, verschiedene Sprachen sprechen und sich unterschiedlich bewegen. In anderen Worten, er wird das jeweilige Subjekt sein, wird ihm ähneln und wird als solches erkannt werden. Zweck des Erinnerungstrips ist es, in die Vergangenheit zurückzukehren und mit Personen in Kontakt zu kommen, um Informationen zu sammeln, die ihm die Gründe für den Mord sowie den Mörder enthüllen. Während der Erinnerungstrips wird Ilejo mitunter seinem eigenen Selbst aus der Perspektive des Subjekts begegnen. Der Erinnerungs-Ilejo wird sein Gegenüber nicht als jene Person erkennen, die eigentlich ein Ilejo in einem Erinnerungstrip ist. Er wird einfach glauben, es handele sich um das Subjekt. Beim Sammeln von Informationen kann Ilejo sich jederzeit entscheiden, ins wahre Leben zurückzukehren. Wenn die Erinnerungen zu einem Ende kommen, bevor er über genügend Informationen verfügt, wird er genötigt sein, ins wahre Leben zurückzukehren; es wird ihm nicht mehr möglich sein, in dieselbe Erinnerung eben dieses Subjekts zurückzugehen. Ein Trip in die Erinnerungen zerstört die Erinnerungen des Subjekts an dieses Ereignis, denn Ilejo hätte manches Mal anders handeln müssen. Die Verwirrung zerstört die Erinnerung. Auch wenn Ilejo während eines Erinnerungstrips erschossen oder getötet wird, ist er genötigt, den Erinnerungstrip abzubrechen. Mitunter kann Ilejo während eines Erinnerungstrips sein eigenes Haus aufsuchen, die seinerzeitige Version von Agent M. entwenden und mit dem Blut von einer in seinem Erinnerungstrip auftauchenden Person einen Erinnerungstrip im Erinnerungstrip eingehen: einen rekursiven Erinnerungstrip. Es können zahlreiche ineinander verschachtelte Erinnerungstrips eingegangen werden,

Ryad
Assani-Razaki

Agent Mnemosyne

Aus dem
Englischen von
Dirk Höfer

solange die Erinnerung zu einem Zeitpunkt stattfindet, an dem eine Version von Agent M. verfügbar ist. Unterschiedliche Versionen von Agent M. werden unterschiedliche Nebenwirkungen haben. Der allen gemeinsame und wichtigste Nebeneffekt macht sich jedoch bemerkbar, wenn eine Handlung ausgeführt wird, die sich von der, die das Subjekt tatsächlich ausgeführt hat, unterscheidet. Dann wird Ilejo seinen Verstand verlieren.

Ilejo wird immer so vorgehen, wie er es bei Maria getan hat. Er wird erst einige Zeit dafür aufwenden, seinen künftigen Subjekten näherzukommen, um ihr Verhalten zu studieren. Er wird beobachten, wie das Subjekt in verschiedenen Situationen reagiert. Dann wird er ihr Blut verwenden und auf einen Erinnerungstrip gehen. Er wird wie das Subjekt zu handeln versuchen und sich bemühen, Informationen darüber zu erlangen, wen er als nächstes unter Drogen setzen soll, um der Wahrheit näher zu kommen.

Ende des Spiels

Mit dem Fortschreiten des Spiels und je nach Anzahl der Fehleinschätzungen, die er begeht, wird Ilejo mehr und mehr den Verstand verlieren. Die Folgen falschen Handelns während des Erinnerungstrips werden sichtbar, wenn der Tester von seinem Trip zurückkehrt. Er wird langsamer, sein Körper ist beeinträchtigt, und er sieht oder hört nicht mehr so genau. Das Gleiche geschieht, wenn er auf seinem Erinnerungstrip niedergeschossen oder getötet wird. Das Spiel ist verloren, falls Ilejo völlig geisteskrank wird, bevor er die Wahrheit aufzudecken vermag.

Das Spiel ist natürlich auch verloren, wenn der echte Ilejo außerhalb eines Erinnerungstrips niedergeschossen oder getötet wird.

Das Computerspiel ist gewonnen, sobald Ilejo die Wahrheit herausfindet.

Anmerkung: Die Entscheidungen, die während der Erinnerungs-phase getroffen werden, sollten sich vielleicht auf die Echtzeit auswirken, sodass Ilejo seine Frau womöglich retten und ihre Ermordung verhindern kann. ■

Sebastian 23

„Jenseits" ▮

Wenn ich ein Computerspiel erfände, würde es kein Ziel und keine Geschichte haben. Ich muss ein wenig ausholen, um das zu erklären.

Ich bin 1979 geboren und hatte damit bereits als kleines Kind erstmals die Gelegenheit, einem Computer zu begegnen. Ironischerweise war es bei meiner Großmutter, die damals eine Version des Spieles *Pong* hatte – eine Tennis-Simulation aus zwei weißen Strichen (die Spieler) und einem weißen Quadrat (der Ball). Insgesamt hatte das Spiel gefühlte zehn Pixel – und ich war vollkommen fasziniert. Ich spielte Stunde um Stunde.

Heute, dreißig Jahre später, hat jeder elektrische Rührbesen mehr Rechenkraft als die *Pong*-Konsole damals. Und die Computerspiele haben heute oft sogar zwanzig Pixel oder mehr. Und wenn ich „mehr" sage, meine ich „viel mehr" – genauer gesagt, unglaublich viel mehr. Ich sitze regelmäßig fassungslos vor riesigen Bildschirmen, auf denen Landschaften, Häuser, Fahrzeuge, Tiere und auch Menschen so realistisch simuliert werden, dass ich oft nicht glauben kann, dass das nicht doch gefilmt ist. Aber dann landet ein riesiges Ufo, zwölfarmige haarige Aliens mit drei Köpfen, die Laserstrahlen feuernde Helme aus Aluminium tragen, springen heraus und zerlegen eine Kleinstadt in ihre Einzelteile und mir dämmert: Das ist doch nur eine Simulation.

Immer mehr wachsen die Spiele in den Bereich der Träume, bei denen es ja oft nicht einfach ist, zu bemerken, dass das Erlebte nicht real ist. Und wie Träume reichen Computerspiele manchmal bis ins wache Leben hinein.

Schon lange ist es her, dass ich nach einer ausgedehnten Partie des rundenbasierten Strategiespiels *Civilization* in der Küche meines Elternhauses saß und überlegte, wie viele Spielzüge ich bräuchte, um bis zum Kühlschrank zu kommen. Man muss mir allerdings zugutehalten, dass unsere Fliesen dem Gitter ähnelten, über das man in jenem Computerspiel seine Figuren bewegt. Die Antwort war: drei.

Das war Mitte der Neunziger. Heute ist das Gitter weg. Aber wenn ich heute nach einem Abend des Konsolen-Hits *Grand Theft Auto V* durch die Stadt spaziere, ist dieser Spaziergang so nah am Spielerlebnis, dass mich das Gefühl beschleicht, ich könnte ja auch mal in echt ein Auto klauen. Selbstverständlich schüttle ich dieses Gefühl lachend ab – ich weiß ja, dass ich inzwischen wach bin und nicht mehr träume –, dass ich real bin und nicht mehr Protagonist eines Spiels.

Aber es ist nicht nur die hochauflösende Grafik, die den Realismus der Spiele ausmacht. Die computergesteuerten Gegner in vielen Spielen sind mittlerweile lernfähig und erschreckend clever. Als Spielfläche für viele Games werden große Teile der realen Welt bis ins Detail simuliert. Jeder einigermaßen normal tickende Mensch wird trotzdem einen klaren Blick auf die Grenze zwischen Spiel und Wirklichkeit haben, spätestens nach einem Kniff in den eigenen Arm.

Aber was würde passieren, wenn wir mal kräftig an der Schranke, an dieser Grenze rüttelten?

Wenn ich ein Spiel entwickeln sollte, ohne auf die Einschränkungen der Technik zu achten, so würde es ganz genau so aussehen wie die Realität. Ähnlich wie in David Cronenbergs Film *eXistenZ* müsste die Erfahrung des Spielers sich absolut realistisch anfühlen – selbst der Kniff in den Arm muss sich im Spiel für den Spieler echt anfühlen. Vermutlich ginge das nur durch eine direkte Verbindung zwischen Spiel und Gehirn.

In diesem Computerspiel, dem ich den Arbeitstitel *Jenseits* geben würde, erlebt der Spieler allerdings keine Abenteuer entlang einer vom Spielmacher vorgegebenen Story. Es geht auch nicht darum, wie in zahlreichen aktuellen Multiplayer-Spielen, mit anderen menschlichen Spielern ein virtuelles Kräftemessen zu vollziehen. Ebenso wenig versucht man, durch Geschicklichkeit den Highscore zu knacken, die schnellste Runde in einem Rennen zu fahren oder einen Endgegner zu überwinden.

Es gibt kein Ziel und keine Geschichte.

Es gibt nur die perfekte Simulation der Welt, inklusive der Simulation ihrer Bewohner, deren Oberfläche und Innenleben in *Jenseits* daher so real sein wird, weil das Spiel Zugriff auf soziale Netzwerke wie Facebook hat und Fotos, Videos, Likes und Kommentare analysiert und für eine lebensnahe Fälschung nutzt.

Aber *Jenseits* ist nicht nur ein Spiegelbild der Realität – tatsächlich gibt es einen entscheidenden Punkt, der das Spiel zu etwas ganz Besonderem macht.

In *Jenseits* statten wir den Spieler mit umfassenden Kontrollmöglichkeiten aus – er kann zum Beispiel innerhalb des Spieles seine Umgebung umgestalten und mit einem Fingerzeig Häuser abreißen, Städte errichten oder sogar Gebirge einebnen. „Weg mit den Alpen, freie Sicht aufs Mittelmeer!", forderten die Spontis in den Achtzigern. In *Jenseits* ist das für den Spieler einfach machbar. Sie wollen einen rosa Himmel, grüne Wolken und drei Monde? Kein Problem in *Jenseits*.

Natürlich kann der Spieler auch fliegen, zehn Meter groß sein oder den stärksten Mann der Welt im Armdrücken besiegen. Der Zugriff auf die simulierten Menschen wird ebenso umfassend sein wie auf die Spielumgebung. Der Spieler kann in *Jenseits* mit Robbie Williams ein Duett singen, die Bundeskanzlerin Handstand machen lassen oder seinem Chef eine Ohrfeige geben, wofür sich dieser auf Wunsch auch noch artig bedanken wird.

Sie trauen sich schon seit Jahren nicht, die hübsche Tochter des Fleischers anzusprechen, weil Sie eine krumme Nase und Angst vor der Axt haben? Nun, in *Jenseits* wird das sehr viel einfacher. Der Fleischer schult auf Ihr Kommando zum Wattebauschhersteller um, und seine bezaubernde Tochter steht plötzlich auf krumme Zinken. Der Spieler bestimmt die Welt.

Selbst der Tod ist besiegt – springen Sie ruhig ohne Bungee-Seil vom Funkturm. Danach das Spiel einfach neu starten, fertig.

Ich habe mit voller Absicht recht harmlose Beispiele gewählt, wie der Spieler in *Jenseits* seine Allmacht nutzen könnte. Jeder Mensch hat seine eigenen Abgründe und kann sich ja mal einen Moment lang vorstellen, wie sehr man seine Macht in *Jenseits* dazu nutzen könnte, die Welt und die Mitmenschen umzugestalten.

Aber auf die gruseligen Folgen, die es hätte, einen Menschen mit Allmacht auszustatten, will ich gar nicht hinaus. Ich finde die Frage viel spannender, was Künstler aus *Jenseits* machen würden. Stellen Sie sich doch nur einmal vor, Picasso hätte statt Leinwand und Pinsel eine komplette Welt zur freien Gestaltung gehabt. Würden Sie nicht sehen wollen, was er daraus gemacht hätte?

In *Jenseits* sollte es daher die Möglichkeit geben, anderen seine Schöpfung zu zeigen, wie ein überdimensioniertes Museum.

„Sieh mal, in meiner Welt ist alles lila und verschwommen." Oder auch einfacher:

„Sieh mal, ich habe eine Stadt gebaut, in der alle Häuser aus Turnschuhen sind."

„Sieh mal, in meiner Welt ist H.P. Baxxter nicht mehr der Sänger von *Scooter,* sondern Präsident. Und *Hyper Hyper* ist Nationalhymne."

Wieder nur ganz harmlose Beispiele dafür, was man seinen Freunden oder Bewunderern in *Jenseits* zeigen könnte. Wobei es halbwegs sinnlos wäre, dafür extra das Spiel zu verlassen – man kann sich ebenso gut innerhalb des Spiels von seinen Mitmenschen für seine Schöpfungen bestaunen lassen.

Es gibt ohnehin nur wenig Gründe, warum man das Spiel noch verlassen sollte, sobald man einmal angefangen hat, in *Jenseits* zu leben. Vielleicht zum Essen, Trinken und Schlafen. Aber sonst? Allmacht ist ein ziemlich guter Zeitvertreib – auch ohne Ziel und Geschichte.

Das ist meine Idee zu einem Computerspiel. Ich bin ziemlich sicher, dass, wenn ich es nicht entwickle, jemand anders kommen wird, der es macht. In der Zwischenzeit lese ich noch mal Platons Höhlengleichnis. ∎

Jan Drees

Comfort Lounge 2.01

„Angesichts der Versklavung der Technowissenschaften durch kapitalistische Ziele (besonders seit den späten 1970ern) wissen wir sicherlich noch nicht, wozu ein moderner technosozialer Organismus im Stande ist."

(Nick Srnicek und Alex Williams)

EINLEITUNG. Eins: XIAN® gratuliert Ihnen zum Kauf unseres achievement-orientierten Premium-Life-Uploaders COMFORT LOUNGE 2.0. XIAN® garantiert Ihnen ab jetzt absolute Unsterblichkeit, ohne Speicherverlust. Die Zukunft Ihres Todes ist definitiv Vergangenheit. Wir sind sicher. Sie sind sicher. Kommen Sie in unsere COMFORT LOUNGE 2.0.[1]

Schalten Sie jetzt die Contactlense-Cam via Touch-PIN ein. (ACHTUNG: Verwenden Sie nur original XIAN®-Linsen und lassen Sie diese nur von zertifizierten XIAN®-Chirurgen an Ihren Hirnschrittmacher anschließen.) Tippen Sie nach Bluetooth-Konnektierung Strg-Δ-CZ auf dem Screen Ihres Smartphones oder Tablet-Readers. Direkt im Contactlense-Sichtfeld erscheint nun eine Login-Mask. (Schauen Sie auf eine monochrome Fläche, falls Sie Schwierigkeiten haben, das Login-Feld zu identifizieren.) Geben Sie Ihren Namen und die Session-TAN ein. Alle weiteren Konfigurationen übernimmt das System. Ihr Spiel beginnt. COMFORT LOUNGE 2.0 ist ein permanent aktives Echtzeit-Cloud-Game, das die mangelhaften Belohnungssysteme vorheriger Augmented-Reality-Produkte disqualifiziert. Sie haben sich für COMFORT LOUNGE 2.0 entschieden, weil Ihr gutes Handeln zu Ihrem individuell guten Leben führen soll.

Die 5PB-XIAN®-Simulation garantiert Ihnen ein besseres Da-Sein. Ab sofort sieht das Programm, was Sie sehen. In

---

1 Die Nutzung dieses XIAN®-Produkts ist nur in Ländern gestattet, die den #Accelartionism-Act ratifiziert haben. Der #Accelartionism-Act gestattet die virtuelle Erweiterung des 2019 neu definierten technosozialen Subjekts zur Kompensation rechtsrelevant festgestellter Fortune-500-Individualeinschränkungen mittels algorithmisch basierter Consumer-Analysis wie Brightboard-Spy-Fishing oder Peer-Group-Screening.

höchstmöglicher AES-Verschlüsselung werden Ihre Daten qualitativ und quantitativ in Echtzeit analysiert. Die Ergebnisse werden binnen weniger Nano-Sekunden in den Feedback-Strom Ihres Spielfeldes integriert.

Jede Handlung, jeder Gedanke hat von jetzt an Auswirkungen auf Ihre Spieltiefe und -intensität sowie auf die Serotoningabe der implementierten NT-Pumpe. Ziel dieses Spiels ist reine Ataraxia. COMFORT LOUNGE 2.0 ermöglicht Ihnen die Erlangung absoluter Affektlosigkeit und emotionale Gelassenheit gegenüber Einwirkungen von außen. Durch Ihre selbstgesteuerten Handlungen und Gedanken auf den beiden gleich vorzustellenden Plateauebenen gewinnen Sie Raum, Zeit, Resilienz.

COMFORT LOUNGE 2.0 realisiert sich pre mortem auf zwei, post mortem auf einem Plateau. Der erste Raum, Plateau ONE (P1), ist das, was gemeinhin als Wirklichkeit im Sinne dessen, was der Fall im Wachzustand ist, definiert. Betrachten Sie den Raum, der Sie umschließt, und stellen Sie sich nun vor, jedes hier gewahrte Objekt besäße eine Qualität über Ihren gewöhnlichen Informationswert hinaus.

Durch Fokussierung in Ihr Innerstes, zumeist im REM-Schlaf erlangt, schaltet sich Plateau TWO (P2) auf, die virtuelle COMFORT LOUNGE 2.0-Spielebene. Sie wurde nach einem randomisierten Algorithmus erstellt, der Fläche, Farbgebung und Pixelvarianz von P1 sowohl aufgreift als auch rekombiniert. Sie beginnen Ihr Spiel in diesen zwei Räumen P1 und P2.

Vor Kauf des XIAN®-Sets haben Sie eine vierstündige Screeningsitzung durchlaufen, bei der wir auf Ihre Netzhaut den Usability-Engineer-zertifizierten XIAN®-Picture-Stream im 1/10-Sekunden-Bildwechsel projiziert haben. Nach Auswertung von EEG- und MRT-Daten wurde eine vorläufige Kartografierung Ihres Mind-Sets ermittelt.

Ihre Handlungen auf P1 werden mittels Contaclens-Cam aufgezeichnet und in unseren gesicherten Serverparks double-blind-verschlüsselt gesichert. Egal, was Sie fortan tun, ob Sie ein fremdsprachlich verfasstes Buch lesen, Ihrem Nächsten bei der Bewältigung eines Problems helfen, ob Sie definierten Regeln

Ein Gedanken-
experiment von

Jan
Drees

COMFORT LOUNGE
2.0

folgen oder auf andere Weise nach den ermittelten Querschnitts-
maßgaben moralisch handeln: Ihr Tun hat Auswirkungen auf
Ausdehnung, Varianz, Möglichkeitshorizont von P2.[2]

Sie werden in bewusstseinsüberwältigender Weise mittels
dreamENTERTAIN zunächst nur während Ihrer REM-Schlafphase
via Hirnschrittmacher unterhalten. Sie erfahren auf P2 einen
variablen Stream, der im direkten Payback-Verfahren Handlungs-
realitäten von P1 in spielerische Simulationen überführt. Diese
ist allein Ihnen zugänglich, es sei denn, Sie haben Individual
Sharing gegen One-Click-Cash gestattet.

Der Traum-Stream (P2) passt sich in Feedbackschleifen
Ihrer jeweiligen Verfassung, Ihren Sehnsüchten und auf komple-
mentär-unterstützender Weise Ihren Vitalfunktionen an. Sie leben
von nun an ein doppeltes Spiel. P1 kartographiert Ihr Leben und
belohnt Sie auf P2 für jede Tat, jeden Gedanken, für das GUTE,
das Sie tun. Aber bedenken Sie stets, dass P1-Verstöße Spieltiefe,
-dauer und -intensität beschränken. Sie formen unter Aufsicht Ihr
Leben. Sie formen Ihren Schlaf. Sie formen Ihr Über-Leben.

Aufnahmen der Contaclense-Cam sind nach § 14 #AccA
zugelassen für Zeugenaussagen in Zivil- und Strafgerichtsverfah-
ren. § 15 #AccA garantiert Ihnen die Bereitstellung des XIAN®-
Wachbataillons, sofern Sie intensivmedizinische, psychiatrische
oder militärische Hilfe benötigen. Die via Contactlense-Cam
ermittelten Individualdaten dürfen im COMFORT LOUNGE 2.0-
Basispaket zu Werbezwecken ausgewertet werden. Ein kosten-
pflichtiges Upgrade auf COMFORT LOUNGE 2.0-Business oder
COMFORT LOUNGE 2.0-First Class unterbindet diese Möglichkeit (sofern Sie dies wünschen).

---

2   XIAN® nutzt NRTL-zertifizierte Weirable-Computing-Techniken. XIAN® greift auf Programmierkenntnisse zurück, die Fortune 500 im Zuge des #Accelartionism-Acts gegenüber der
staatlicherseits als „Clandestine Ten" bezeichneten Notified-Body-Options-Unternehmen
offengelegt haben (nach § 17 #AccA).

Eine mehr als 36-stündige Unterbrechung der Live-Übertragung via Contactlense disqualifiziert Sie für das XIAN®-Programm insofern, als Ihre Daten eingefroren und die Spieltiefe auf null herabgesetzt wird. P1-Verstöße minimieren Ihr dream-ENTERTAIN-Erlebnis und verhindern ein kontinuierliches Re-Design Ihres P2-Mind-Sets.

Dieses wird komplett vorgeschaltet, sobald Sie das Ende Ihres P1-Lebens erreicht haben. Sie gaben uns Ihr Leben. Wir verwandelten es in Daten. Diese Daten sind: Sie. Ihr evolutionär fortschreitendes P2-Mind-Set realisiert sich je nach XIAN®-Programmpaket in Vernetzung mit Ihrem P1-Lebensumfeld (oder den optional hinzugefügten P2-J@t-Set-Erweiterungen). Ihr P2-Mind Set ist die nahestmögliche Carbon Copy Ihres Ichs. Es ist in der Lage, im virtuellen P2 körperlich unabhängig zu agieren. Mittels Integration Ihres P2-Mind-Sets in den Bewusstseinsstrom auf P1-Ebene noch vitaler XIAN®-User gestattet Ihnen dream-ENTERTAIN eine ebenso zeitlich wie räumlich unbegrenzte Fortdauer Ihres dataerfassten Ichs. Im Leben für das Gute. Im Tod für das Leben. COMFORT LOUNGE 2.0: unlimited dreams come true.

∎

Peter Glaser

The Lost ¬1

1 Der Titel des Spiels lässt sich nicht schreiben, aber sprechen. Das fehlende Wort steht für die Klanggemeinsamkeit der Worte Ernest und Earnest. Es steht auch für die gesamten verlorenen Worte.

„Reife des Mannes: Das heißt, den Ernst wiedergefunden zu haben,
den man als Kind hatte, beim Spiel."
Friedrich Nietzsche

„The first draft of anything is shit."
Ernest Hemingway

Das Spiel geht aus von einem dramatischen Moment in der Geschichte von Ernest Hemingway und seiner ersten Frau Elizabeth
Hadley Richardson. Gravitationszentrum ist ein Tag im Dezember
1922, an dem Hadley ihm von Paris aus nach Genf nachreist und
in einem Handkoffer seine sämtlichen Manuskripte mitnimmt,
an denen er in den letzten Monaten gearbeitet hat, auch die
Durchschriften. Ein amerikanischer Zeitschriftenherausgeber,
mit dem der 23-jährige Hemingway in Lausanne zusammentrifft,
ist beeindruckt von seiner Schreibweise und möchte mehr lesen ...

Hadley bringt ihr Gepäck unter, kauft sich am Bahnsteig
noch etwas zu trinken für die Fahrt. Zurück im Abteil, ist der Koffer mit den Manuskripten verschwunden.

Sie sind bis heute verschollen – oder verloren.

Der Spieler begibt sich auf die Suche nach dem Koffer und den
Manuskripten. Das Spiel beginnt in der Gegenwart, am Bahnhof
Gare de Lyon in Paris. Der Spieler kommt mit Menschen auf dem
Bahnhof in Kontakt, mit Reisenden, Beamten, Shop-Angestellten,
Flaschensammlern. Erste Hinweise führen ihn hinaus in die
Stadt, unter anderem in eine Buchhandlung, die zugleich ein
verstecktes Hotel ist. Eine junge Frau stellt sich als Gast aus der
Zukunft vor und deutet an, dass das Stellwerk am Bahnhof ein
wichtiger Ort sei.

Betreten dürfen das Stellwerk nur Eisenbahner. So nimmt
der Spieler einen Job als Sicherheitsmitarbeiter an, bei dem er als
Zugbegleiter verhindern muss, dass in Nachtzügen Diebstähle

geschehen. Auf Reisen durch Europa erlebt er verschiedene Abenteuer, die ihm weitere Informationen einbringen.

Hier begegnet der Spieler auch einem mächtigen Werkzeug,
das dem Spiel ungewöhnliche Dimensionen verleiht: der Möglichkeit, den Spielverlauf zu skalieren.

Auf einer solchen Skala lässt sich beispielsweise eine be-
liebige Jahreszeit einstellen, wodurch sich auch die Reiseziele
verändern – im Sommer führt die Fahrt nach Pamplona, wo im
Juli der weltbekannte Stierlauf stattfindet, im Winter ins Arlberg-
gebiet, wo das Ehepaar Hemingway zu den Pionieren des Skiur-
laubs zählte. Bei Binnenspielen an derlei Orten – als Torero (oder
als Stier) in Spanien, als Skilehrer in Tirol – können nützliche
Erfahrungen, Punkte oder Geld für das weitere Vorankommen
gesammelt werden. Ein solches Binnenspiel kann aber auch
beispielsweise ein „Funbüro" sein, dem ein Buchstabe abhanden-
gekommen ist, der in einem Quiz wiederzufinden ist. Oder ein
Algorithmus, der sehr viel über Hemingways Art zu schreiben
weiß und dem man so lange selbstverfasste Hemingway-Fäl-
schungen vorlegen muss, bis er sie für echt hält ...

Auf einer Bahnreise ertappt der Spieler einen auf hypno-
tische Weise sympathischen Dieb, der ihm verrät, dass dieses
Handwerk schon sein Großvater betrieben habe. Wie noch weitere,
so wird sich auch diese Spur erst tief im Spielgeschehen als falsche
Fährte erweisen ...

Wie sich herausstellt, werden im Stellwerk am Gare de Lyon nicht
nur Zugfahrpläne umgesetzt. Wer die Geräte richtig zu bedienen
weiß, kann auch durch die Zeit reisen, auch hier entlang regel-
barer Skalen, in die Vergangenheit oder in die Zukunft. Die erste

Ausbildungsfahrt geht natürlich in den Dezember 1922. Kann es sein, dass der Dieb mit dem Handkoffer im Zug geblieben ist? Also auf nach Genf (und die Erfahrungen als Zugbegleiter anwenden)! Oder ist er in das Bahnhofsgebäude verschwunden? Bei diesem detektivischen Versuch stellt sich womöglich heraus, dass der Spieler noch nicht genug über die Vergangenheit weiß, über die Menschen im Bahnhof, die Gegebenheiten. Also zurück in die Gegenwart!

Die Optionen des Spiels sind nicht auf konventionelle Skalierung wie das Reisen durch Jahreszeiten und Jahrhundertzeiten beschränkt. So lässt sich der Zeitpfeil auch umkehren. Der Spieler beginnt dann seine Tätigkeit an einem Punkt in der Zukunft als alter, erfahrener Mann und wird im Spielverlauf immer jünger, ahnungsloser und leichtsinniger, dafür aber körperlich immer fitter und stärker. Wobei die Vor- und Nachteile eines solchen Verlaufs erst einmal erkundet werden müssen.

Eine weitere Skalierungsmöglichkeit ist der Grad an Realismus, den der Spielverlauf aufweisen soll.

Immer detailtieferer Fotorealismus und physikalisch korrekteres Geschehen, wie sie die herkömmliche Spieleentwicklung auszeichnen, sorgen nur relativ kurzfristig für Wow-Effekte, ehe sie wieder ins Banale sinken. Diese Art von Realismus ist einzig dort relevant, wo das Spiel ein Nicht-Spiel ist, also eine Welt, in der man sich aufhält und die man erkundet, ohne dass es einen Zielvektor gibt. Ein Ambiente, das man sehend durchwandert und in dem man ungewöhnliche Stimmungen sucht. In dem man beispielsweise Hemingways Leben nachgeht und bei einem virtuellen Spaziergang durch das idyllische Oak Park, heute ein Stadtteil von Chicago, nur zwei Straßen von dem Haus entfernt, in dem Hemingway aufgewachsen ist, auf das ehemalige Studio des Architekten Frank Lloyd Wright stößt und sich in eine andere, aber – wie bei Hemingways Worten – klare und durch Reduktion elegante Ausdrucksweise verlieren kann. In diesem Non-Game- oder

Walking-Game-Modus kann es durchaus sein, dass sich die Ziel-
setzung der linearen Spielverläufe, das Wiederfinden der verlorenen Manuskripte, nun seinerseits verliert.

Vielmehr mit Realismus gemeint ist hier die Frage, wie
weit der Spieler bereit ist, sich von fiktionalen Elementen zu ver-
abschieden. Das eine Ende der Skala ragt mit Zeitmaschinen und
zauberhaften Zufallsbekanntschaften ins Fantastische. Zu den
multilinearen Verläufen des Spiels gehören auch spekulative
Episoden: What if – was wäre, wenn Hemingway als „Embedded
Journalist" 2003 im Irak mit dabei gewesen wäre?

Am anderen Ende der Skala kann mehr und mehr Realität
an das Spiel gekoppelt werden. Aufgaben etwa, die sich nicht mehr
allein, sondern nur durch die Vernetzung und den Austausch mit
anderen Spielern lösen lassen.

Ein Übermaß an Freiheitsgraden und Einstellungsmöglich-
keiten kann im Übrigen zum „Synthesizer-Effekt" führen, der
einem durch zu viel Varianz die Fähigkeit raubt, sich auf eine
bestimmte Melodie oder eben einen bestimmten Spielverlauf
festzulegen. Es ist deshalb wichtig, dass durch das Spieldesign
Informationsüberschwünge verklart werden, etwa indem hoch-
realistische Darstellungen auf impressionistische Strichgrafik
reduziert werden.

Zudem kann man sich selbst nicht überraschen. Aber auch
hier hilft die Vernetzung mit anderen Spielern und ihren jeweiligen Stellwerks-Einstellungen, um unerwartete Spielverläufe zu
erzeugen.

Vorstellbar sind auch Spielteile, die nur mit Hilfe gemieteter
Drohnen oder von realen Hilfskräften zu bewältigen sind, die

einen durch ihre Datenbrille mitsehen lassen. Auf dem höchsten Level des Spiels sucht der Spieler die verlorenen Manuskripte wirklich. Alle Tools des Spiels und alle Kommunikationsfähigkeiten des Spielers zielen ohne Schnickschnack auf die Frage, wo der Koffer mit den Papieren sein könnte, sofern es ihn noch geben sollte.

Suchraster müssen dazu erstellt und Crowdfunding betrieben werden, Heatmaps mit Trefferwahrscheinlichkeiten, Meldelisten, Katasterkarten mit sämtlichen Kellerabteilen, Dachböden, Abstellkammern, allen alten Truhen und Kisten unterm Bett, auf Schränken oder bei Umzügen mitgenommen in die Weite ...

Diese Art der Detektivarbeit, die Absuche aller staubigen, vergessenen Ecken, die Fahndung nach allen von Ende 1922 an nach Amerika oder nach Madagaskar mitgenommenen Seekisten oder ungelesener Erbteile, ist das schwierigste Level des Spiels.

Als der Koffer mit seinen Manuskripten gestohlen wurde, war von Hemingway noch keine Zeile Literatur veröffentlicht. Jemand, der sich in dem Koffer Dinge erhofft hatte, die man schnell zu Geld machen kann, wäre wohl enttäuscht gewesen, stattdessen Texte eines unbekannten jungen Schriftstellers vorzufinden. Dass die Blätter verheizt wurden oder in feuchte Schuhe gestopft, damit sie schneller trocknen und lediglich der Koffer verwertet werden konnte, liegt nahe.

Ein gewisser Spielraum aber bleibt für das Unwahrscheinliche. Und es ist doch genau dieses Unwahrscheinliche, das aus einem Menschen einen Spieler macht, der ihm möglichst nahe zu kommen versucht oder eins wird mit dem Unwahrscheinlichen. ∎

Assaf Gavron

Story Telling Saved My Life

Allgemeines

Überall auf der Welt und seit jeher erzählen sich Menschen Geschichten. Schon in sehr jungem Alter scheint jeder Mensch mit einer Geschichte in Verbindung zu stehen – ob sie nun in einem Buch, in freier Rede, auf Bildschirmen oder auf der Bühne erzählt wird.

Geschichten stellen wahrscheinlich die beste Möglichkeit dar, Informationen, Bildungsinhalte und Emotionen zu transportieren, doch vielleicht wichtiger noch, sie vermitteln Empathie – durch Geschichten erfahren wir von anderen Menschen, die weit entfernt, gerade jenseits der Grenze oder sogar direkt nebenan wohnen, und wir lernen ihre Freuden und Nöte kennen und wie sie sich durchs Leben schlagen.

Story Telling Saved My Life (Geschichtenerzählen hat mein Leben gerettet) ist ein Versuch, diese reiche Welt des Geschichtenerzählens in einem amüsanten, bewegenden und bereichernden Computerspiel anzuzapfen. Der Spieler soll Geschichten erforschen: er soll sie lesen, erfinden und sich erschaffen, sie sich einprägen und sie mit anderen teilen, um so durch alle Abschnitte des Spiels zu gelangen. Das Spiel wird also junge Leute auf der ganzen Welt zum Lesen und Erfinden ermuntern, dazu, ihre Geschichten miteinander zu teilen und sich in die Welt der anderen hineinzuversetzen. Das Spiel soll Komponenten enthalten, die sowohl auf einer sozialen Ebene als auch rein computerbasiert funktionieren. Ein Spieler kann sich einer Gemeinschaft von Spielern anschließen, die Geschichten aushecken und sich erzählen, soll aber nicht darauf angewiesen sein und auf dem Computer oder dem Smartphone für sich alleine spielen können. Beide Aspekte lassen sich miteinander verknüpfen, sollen aber unabhängig voneinander funktionieren und den Spielern die Möglichkeit geben, ihre bevorzugte Spielweise auswählen (und auch hin und her springen) zu können.

Spielaufbau

Das Spiel wird vier Hauptabschnitte aufweisen:

1.   Erzähle, wie du den gefährlichen Parcours bewältigst.
2.   Erzähle die Geschichte eines anderen nach.
3.   Teile deine wahre Geschichte mit der Welt.
4.   Lies Geschichten.

1. Erzähle, wie du den gefährlichen Parcours bewältigst.
Im ersten Abschnitt (oder Level) muss der Spieler durch einen gefährlichen Parcours gelangen: Ob es nun darum geht, aus einer Höhle herauszufinden, ein Rudel Wölfe zu besiegen oder auf dem Schulhof einen Schlägertypen auszutricksen – der Spieler wird seine Fertigkeiten im Geschichtenerzählen einsetzen müssen, um über drei bis fünf Stationen an das Ende des gefährlichen Parcours zu gelangen und den nächsten Abschnitt des Spiels zu erreichen.

Der erste Abschnitt ist das Level, in dem der Spieler Geschichten erfindet. Er bekommt drei oder vier Anhaltspunkte an die Hand – zum Beispiel einen Ort, einen Charakter, einen Gegenstand und eine Stimmung – mit der Aufforderung, sie in der Geschichte unterzubringen, die er in einer bestimmten Zeitspanne und mit einer Mindestanzahl von Worten zu schreiben hat (eine Stoppuhr und ein Feld mit einem Wortzähler sind eingebaut). Wenn die Zeit abgelaufen ist, erhält der Spieler für seine Geschichte einen Score und die Erlaubnis, auf das nächste Level seines Parcours zu gehen. Der Score für seine Geschichte wird durch die Schreibgeschwindigkeit und die Wortzahl sowie einen Algorithmus ermittelt, der in der Lage ist, die Grammatik und Schlüssigkeit der Wort- und Satzfolgen usw. zu analysieren. In der sozialen Komponente des Spiels werden die Geschichten anhand einer festgesetzten Bewertungsskala durch die Spielergemeinschaft überprüft: die Geschichte funktioniert / die Geschichte ist gut / die Geschichte ist Quatsch. Die Spieler haben zudem die Möglichkeit, längere Kommentare zu schreiben und sie über die sozialen

Netzwerke mitzuteilen. Hat der Spieler mit drei bis fünf Geschichten diesen Abschnitt erfolgreich durchlaufen und das Ende des gefährlichen Parcours erreicht, wechselt er auf das nächste Level des Spiels.

2. Erzähle die Geschichte eines anderen nach.
In diesem Abschnitt liest der Spieler eine Geschichte, die er nacherzählen soll. Er kann das System veranlassen, eine Geschichte aus einer mit den echten Geschichten des Spiels bestückten Datenbank zufällig aufzurufen oder er kann sich die Geschichte, die er lesen möchte, anhand von Orts-, Geschlechts-, Alters- und Genre-Parametern aussuchen.

Hat der Spieler eine Geschichte erhalten, wird ihm eine bestimmte Zeitspanne zu seiner Lektüre eingeräumt – sobald er den „Lese"-Button drückt, erscheint die Geschichte auf dem Bildschirm, um nach einer bestimmten Zeit wieder zu verschwinden; sie wird während des Spiels nicht wieder aufzurufen sein. Danach soll der Spieler sie aus dem Gedächtnis nacherzählen.

Vielleicht ist dies der stärkste Teil des Spiels: in die Fußstapfen eines anderen zu treten, in seinen Verstand einzudringen und seine Geschichte zu erzählen. Der Spieler ist für die Geschichte eines anderen zuständig, muss sie richtig erzählen. Wieder wird ihm ein Schreibfeld und eine Zeitspanne gewährt, in der er die Geschichte, die er gelesen hat, nachschreiben kann. Und wieder wird der Computeralgorithmus die Genauigkeit des Nacherzählens analysieren, indem er Wörter und Sätze des Originals mit der nacherzählten Version vergleicht. Und im sozialen Teil des Spiels werden die Teilnehmer die Möglichkeit haben, Originale mit Nacherzählungen zu vergleichen und ihre Bewertung abzugeben, die dem Gesamtscore des Spielers angerechnet wird.

Dieser Abschnitt könnte eventuell wiederholt werden, der Spieler würde drei Mal die Chance bekommen, eine Geschichte nachzuerzählen. Die verschiedenen nachzuerzählenden Geschichten sollten sowohl „zufällig" als auch „ausgewählt" sein.

Nachdem der Abschnitt des Nacherzählens durchlaufen ist, wechselt der Spieler zum dritten und letzten Level.

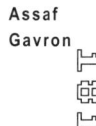

3. Teile deine wahre Geschichte mit der Welt.

In diesem Abschnitt ist der Spieler aufgefordert, seine wahre Geschichte mit anderen zu teilen. Die Spielfläche ist blank bis auf einen Wortzähler, der innerhalb eines bestimmten Bereichs arbeitet – es gibt ein Wortmaximum und ein Wortminimum. Die Idee ist, eine Datenbank persönlicher Geschichten aus aller Welt einzurichten. Die Geschichten würden für Abschnitt 2 des Spiels – dem „Nacherzählungslevel" – genutzt, aber auch allen zum freien Stöbern und Lesen offenstehen (sowohl für die Spieler als Teil von Abschnitt 4 als auch für die nicht am Spiel teilnehmende Öffentlichkeit). Selbstredend kann ein Spieler für eine eingereichte Geschichte Sicherheitsvorkehrungen definieren – ob die Geschichte allgemein eingesehen werden kann, nur für Abschnitt 2 verwendet werden darf, ob der Autor mit seinem echten Namen unterzeichnet usw.

Wenn der Spieler eine Geschichte einreicht, erhält er Extrapunkte. In der sozialen Komponente des Spiels haben die Leser die Möglichkeit, die Geschichten einzustufen, sie zu kommentieren – gute Beurteilungen wirken sich auf den Gesamtscore des Spielers aus. Spieler können mehr als eine Geschichte einreichen, aber ihre Geschichten sollten persönlich und echt sein.

Kommentare und Kommentare zu Kommentaren würden überwacht werden, um sicherzustellen, dass keine unanständigen Wörter benutzt werden oder Spielern oder ihren Geschichten nicht respektlos begegnet wird. Und auch hier würden Vorkehrungen und Wahlmöglichkeiten der Privatsphäre und Sicherheit der Spieler Genüge getan.

4. Lies Geschichten.

Für das Lesen einer Geschichte bekommt man Punkte, sobald man einen kurzen Fragenkatalog beantwortet hat, der belegt, dass man die Geschichte tatsächlich gelesen hat.

Über die Abfolge der Abschnitte bin ich mir noch nicht sicher. Unter bestimmten Gesichtspunkten würde es Sinn ergeben, damit zu beginnen, seine Geschichten mit anderen zu teilen, es hilft jedoch, sich zunächst zu wappnen und sattelfest zu werden, bevor man sich öffnet. Im Moment belasse ich es bei dieser Abfolge, aber das mag sich noch ändern. Man könnte auch jedem einzelnen Spieler die Wahl überlassen.

Scores

Die Spieler erhalten in jedem Abschnitt Punkte, wie oben im Einzelnen beschrieben; dies wird eingehender in den Programmier- und Spielanweisungen zu definieren sein.

Story Telling Saved My Life ist ein langfristiges Spiel, das hoffentlich eine lebendige, engagierte Gemeinschaft von Spielern findet, die Geschichten ausforschen, untereinander Kontakte knüpfen und Punkte sammeln. Je mehr man liest, desto mehr Punkte bekommt man (und, nicht weniger wichtig, desto mehr Lebensgeschichten kann man durchleben).

Je mehr Geschichten man erfindet (Abschnitt 1), je mehr Geschichten man nacherzählt (Abschnitt 2), je mehr Geschichten man schreibt (Abschnitt 3) und je mehr Geschichten man liest (Abschnitt 4), desto mehr Punkte wird man bekommen und desto höher wird der eigene Rang steigen.

Eine Ruhmeshalle (Hall of Fame) könnte eingerichtet werden, die die führenden Spieler, die beliebten und empfohlenen Geschichten anzeigt. Später könnten weitere Abschnitte hinzugefügt werden, sowohl in der computerbasierten Arena der erfundenen Geschichten als auch in der sozialen Arena der wahren Geschichten.

Kooperationen

In den vergangenen drei Jahren hatte ich mit Narrative4 (**narrative4.com**) zu tun, einer Organisation, die sich dem Austausch von Geschichten und der Bildung des Einfühlungsvermögens widmet. Das Projekt organisiert Treffen zwischen jungen Leuten aus aller Welt, bei denen Geschichten ausgetauscht werden und

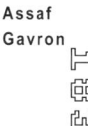
Jugendliche in anderer Leute Rollen und Gedanken schlüpfen und ihre Geschichten erzählen.

Man lese zum Beispiel den Artikel aus der *New York Times* über einen Austausch zwischen zwei New Yorker Highschools, die nur ein paar Meilen auseinander, aber auf entgegengesetzten Seiten der sozialen Kluft liegen **(http://www.nytimes.com/interactive/2014/05/04/magazine/tale-of-two-schools.html)**.

Meine Idee hinsichtlich *Story Telling Saved My Life* geht dahin, dass das Computerspiel einen weiteren Umschlagplatz für Geschichtenaustausch und Empathiebildung darstellt und auch als Datenbank für diejenigen fungiert, die Geschichten digital miteinander teilen möchten.

Eine weitere Kooperation könnte mit einer der verschiedenen Webseiten oder Mobiltelefon-Apps, die Schreibanleitungen anbieten, erfolgen – zum Beispiel „Writing Prompts" der Website **writing.com**.

Technisches

Das Spiel sollte für alle Plattformen – Web, Computer Download, Tablet und Mobiltelefon-Apps – entwickelt werden und zugänglich sein.

Präsentation

Ich freue mich, *Story Telling Saved My Life* auf dem Internationalen Literaturfestival Berlin im Rahmen eines Vortrags vorstellen zu können, der dem hier ausgeführten Entwurf (und den Weiterentwicklungen der kommenden Monate) folgt. Dabei würde ich auch gerne auf einem Bildschirm *Peacemaker* vorstellen, das Computerspiel, mit dem ich als leitender Autor befasst war. ■

Peter Glaser

Gilgamesh[1]

1 Mesh (engl.) steht in der Computergraphik für ein geometrisches Netz zur Modellierung von 3-D-Objekten, und in der Netzwerktechnik für ein mobiles, vermaschtes Ad-hoc-Netze.

Ein paar Anmerkungen zu der Annahme, dass Computerspiele eine ganze Menge mit Literatur zu tun haben.

„In guten Romanen und im Leben müssen nicht alle Fragen beantwortet werden."

Helge Malchow

1.

Im April 2007 war ich zu einer Lesung nach Chicago eingeladen, und ein paar Tage später von dort aus 250 Kilometer nordwestlich an die University of Wisconsin-Madison, dort befindet sich die größte germanistische Fakultät in den Vereinigten Staaten. Man ahnt so etwas schon, wenn man sich durch den am Ufer des Lake Mendota in viel Grün ausgestreuten Campus bewegt und in der Gewölbehalle des als Mensa fungierenden Rathskellers eintrifft (es gibt, bemerkenswerterweise im ersten Stock, noch einen Stiftskeller) und die von einem in Milwaukee lebenden deutschen Maler geschaffenen Wandgemälde, unter anderem den „Kampf des Bieres gegen den Wein", auf sich einwirken lässt.

Ich war mit dem freudigen Vorgefühl angereist, mich nun im Mutterland der Computerspiele zu befinden und vor den zuständigen, notwendigerweise wohlwollenden Fachleuten meine These ausbreiten zu können, dass Computerspiele die bedeutendste literarische Neuerung der letzten Jahrzehnte und eine einzigartige Chance für die Literaturwissenschaft sind. Es war nicht Stoff meiner Lesung, den Ansatz hatte ich mir als Extravergnügen mitgebracht. Und ich wurde enttäuscht. Nach der Veranstaltung gemeinsam mit den Dozenten und ein paar Studenten in einem kleinen indischen Restaurant, sprach ich das Thema an; es verpuffte. Das Gespräch streifte Klassiker. Kafka, Goethe, weiter in die Gegenwart wagte es sich nicht. Ich versuchte es noch einmal. Computerspiele als eine Neuerfindung, eine Anreicherung der Epik. Die Dozenten hörten mir freundlich zu und verstanden nicht, was ich meinte. Ich fühlte mich wie ein Gespenst, durch das man hindurchgehen kann.

2.

Erstes Level. Am 13. September 1786, dem zehnten Tag seiner italienischen Reise, schreibt Goethe, wie er sich in Malcesine am Gardasee in den Hof der dortigen Schlossruine setzt und einen alten Turm zu zeichnen beginnt: „Ich bemerkte wohl, dass mein Zeichnen Aufsehen erregt hatte; ich ließ mich aber nicht stören und fuhr ganz gelassen fort." Menschen sammeln sich um ihn, eine rätselhafte Spannung nimmt zu. Dann wird ihm das Blatt von einem Mann weggenommen und zerrissen. Die Umstehenden äußern Unmut über den Zeichner. Goethe versucht die Leute auf sein beobachtendes Interesse als Reisender hinzuweisen. Schließlich stellt sich heraus, dass der Turm genau die Grenze zwischen dem Gebiet Venedigs und dem österreichischen Kaiserstaat markiert und man ihn für einen Spion hält, der die Anlage auskundschaftet.

3.

Ein paar Wochen nachdem ich aus Amerika zurück war, ging es zu einem Vortrag nach Münster, Teil einer Ringvorlesung, die Moritz Baßler, Germanist und Kenner modernster Zeiten, in Gang gesetzt hatte, um einer Behauptung des Literatur- und Kunstwissenschaftlers Norbert Miller („Es gibt keine wie auch immer geartete Verbindung zwischen Eminem und der deutschen Klassik") etwas entgegenzusetzen. Bei dieser Gelegenheit beklagte ich mich bei Professor Baßler, einem Bruder im Geiste, wenn ich so sagen darf, über die konservative Literaturauffassung der Amerikaner. Baßler machte mich auf die Ludologen aufmerksam, die Spieleforscher, deren junges Wissensgebiet sich der zunehmenden Dichte an Computerspielen verdankt. Neben zahlreichen spielespezifischen Studiengängen in angelsächsischen Ländern war dabei vor allem die Einrichtung des Center for Computer

Games Research der IT-Universität Kopenhagen (ITU) von fundamentaler Bedeutung, der Denkfabrik der europäischen Ludologie. Mit einem Wort: Ich war nicht allein. Allerdings geht es mir weniger um einen akademischen Überbau für Computerspiele, als zuallererst um eine präzisere Empörung den ganzen die Literatur umgebenden Fächern gegenüber, als ich sie in Madison aufzubringen imstande war. Ich war schlecht vorbereitet gewesen, hatte eher ein mit den Armen ruderndes Gefühl als die passenden Argumente, und es ging mir aber in diesem ersten Schritt auch gar nicht um Qualität. Es ist die schiere, quantitative Wucht der Computerspiele, derer sich die Literaturwissenschaften wie auch das Rezensionswesen bedienen könnten, um das Interesse an Literatur zeitgemäß anzufachen.

Im August 2007 kam „BioShock" auf den Markt, ein aus verschiedenen Genres amalgamiertes Computerspiel, das in einer Art-déco-Unterwasserstadt namens Rapture spielt, die ursprünglich als ein Ort der vollkommenen individuellen Freiheit für die libertär eingestellten (amerikanischen) Eliten konzipiert worden war. Im November 2007 erschien das lang erwartete „Assassin's Creed", an dem mehr als 300 Profis vier Jahre lang gearbeitet hatten und in dem ein Mann aus dem Jahr 2012 durch manipulierte Erinnerungen eine Zeitreise ins Jahr 1191 unternimmt, um die fehlenden Teile eines magischen Splitters zu finden, mit dem sich die Gedanken jedes Lebewesens manipulieren lassen. Und es erschien „Crysis", ein in einem futuristischen Szenario angesiedelter Ego-Shooter aus der deutschen Spieleschmiede Crytek, in dem man als Mitglied eines US-Spezialkommandos ein von Nordkoreanern gefangengehaltenes Archäologenteam befreien muss. Um nur drei von vielen Spielen zu nennen.

„BioShock" verkaufte sich bis Anfang 2010 über vier Millionen Mal. Von „Assassin's Creed" wurden allein im November 2007

2,6 Millionen Kopien abgesetzt, bis Ende 2008 insgesamt 6,5 Millionen. „Crysis" ging, trotz anfänglicher Probleme mit illegalen Kopien, inzwischen drei Millionen Mal über den Ladentisch. Reaktion von germanistischer oder feuilletonistischer Seite oder auch nur einer literarisch interessierten Öffentlichkeit: Null. Das ist zu wenig, auch wenn sich ein Game, an dem 300 Leute vier Jahre lang arbeiten, nicht direkt mit einem Roman vergleichen lässt, an dem Einer meinetwegen vier Jahre gearbeitet hat.

4.

Zweites Level. 1975 war ich, als Beifahrer in einem LKW von Graz nach Athen unterwegs, in den Hafen von Thessaloniki gelangt. Da der Fahrer noch Ladung erwartete, mussten wir uns zwei Tage die Zeit vertreiben. Ich war ein junger Hippie, las keine Zeitung, hörte kein Radio und sah nicht fern. Ich wusste zwar ganz vage, dass sich Griechenland und die Türkei nach der Zypern-Krise im Kriegszustand befanden, aber nichts davon war als Realität wahrzunehmen. Es war ruhig, es war Sommer, der Krieg war Fiktion.

Was ich nicht wusste, war, dass nun auch die zivilen griechischen Häfen militärisches Sperrgebiet waren und ich nur deshalb auf das Gelände gelangt war, weil ich in einem LKW mit gültigen Frachtpapieren saß. Ich ging auf eine Mole hinaus und setzte mich auf einen Poller, um zu schreiben: Nach langer Zeit das Meer wiedergesehen, gehobene dichterische Stimmung. Zwei Männer mit einem Hund kamen die Mole hoch und schauten mir über die Schulter, während ich schrieb, und ich freute mich über diese freundlichen, griechischen Menschen. Dann wurde ich verhaftet. „Wer ist dein Auftraggeber?", fragte mich der Kommandant der Hafenwache mehrfach und vehement, und ich versuchte ihm zu erklären, dass ich mir aufgeschrieben hatte, wie schön es hier im Hafen am Meer ist und wie das Licht darauf tanzt wie goldene Schmetterlinge. Wer ist dein Auftraggeber? Stundenlang fand sich niemand, der meine deutschen Zeilen hätte lesen können, es war nicht angenehm, und später ließen sie mich dann doch laufen.

5.

Die bemerkenswerte Nähe zwischen Autoren, Schriftstellern, Poeten und den digital Produzierenden – Programmierern, Level-Designern – kenne ich noch aus anderen Perspektiven.

Schon vor langer Zeit war mir aufgefallen, dass die meisten Programmierer, mit denen ich befreundet bin, sehr ähnliche Lebens- und Arbeitsgewohnheiten zu haben scheinen wie der Dichter. „Hacker werden von einem intensiven Bedürfnis gedrängt, ihr Medium zu beherrschen, perfekt zu beherrschen", schreibt die Soziologin Sherry Turkle. „In dieser Hinsicht gleichen sie dem Konzertpianisten oder dem Bildhauer, der von seinem Material besessen ist. Auch Hacker werden von ihrem Medium ‚heimgesucht'. Sie liefern sich ihm aus und betrachten es als das Komplizierteste, das Plastischste, das am schwersten Fassbare, als größte Herausforderung ihres Lebens."

Bei Vergleichen von literarischen Sprachen und Programmiersprachen – beides artifizielle Konstrukte – fiel mir auf, wie sehr sich große Softwareprojekte, etwa Spiele, und archaische Epen ähneln, die über Generationen durch die Geschichte weitergereicht werden und sich kaum noch auf einen Autor (wie etwa Homer) zurückführen lassen. „Diese gigantischen Computersysteme", schreibt Joseph Weizenbaum 1977 in seinem Grundlagenwerk „Die Macht der Computer und die Ohnmacht der Vernunft", „sind in der Regel von Programmiererteams zusammengestoppelt worden (man kann wohl kaum sagen: konstruiert), deren Arbeit sich oft über einen Zeitraum von mehreren Jahren erstreckt. Wenn das System dann endlich gebrauchsfertig ist, haben die meisten der ursprünglichen Programmierer gekündigt oder ihr Interesse anderen Projekten zugewandt, so dass, wenn diese gigantischen Systeme schließlich benutzt werden, ihr innerer Ablauf von einem einzelnen oder einem kleinen Team nicht mehr verstanden werden kann."

Wie es sich für solche Mythen gehört, ist es auch bei großen Programmen nicht mehr ein Erzähler, der den Text erstellt, sondern es sind viele Autoren, die einander in der Arbeit am Text ergänzen oder abwechseln. Auch die Anwender von Programmen arbeiten an der Formung des Textes mit, indem sie frühzeitig vertriebene Programmversionen durch an die Entwickler gerichtete Beschwerden, Hinweise und Vorschläge auszuschmücken helfen.

Begriffe wie Hochtechnologie verstellen den Blick darauf, dass wir uns, was Computer angeht, in einer Vorzeit befinden: im Übergang von der Eisenzeit (ab ca. 1200 v. Chr.) in die Siliziumzeit (ab ca. 1964, mit der Herstellung der ersten mikroelektronischen Halbleiter-Schaltungen). Es ist auch kein Zufall, dass die Schrift in ihren Anfängen nicht dazu diente, Ideen religiöser oder anderer Art zu vermitteln, sondern um im Tempel Aufzeichnungen über Vorräte und Verteilung von Wirtschaftsgütern zu führen. Älteste Sprachfiguren wiederholen sich in den zeitgenössischen Programmiersprachen. „Die Magie selbst bewahrte lange Zeit ein noch primitiveres Merkmal der Sprache, das aus dem Ritual stammte: Ein Großteil aller magischen Formeln besteht aus einer präzisen Aneinanderreihung sinnloser Silben, die bis zum Überfluss wiederholt werden", schrieb der amerikanische Kulturphilosoph Lewis Mumford.

In den Programmiersprachen sind diese Wiederholungen verdichtet worden zu Schleifen-Befehlen. Sie sind die Refrains, die aus Algorithmen Heldenlieder machen oder uns jedenfalls die Nähe zu den uralten Formen des Langgedichts spüren lassen. Auch die mächtigen „reservierten Worte" der Codes decken sich mit Bedeutungspotenzialen der klassischen Lyrik, in der ein Begriff wie „Rose" nicht einfach für eine rote Blume steht, sondern eine Mannigfaltigkeit von Interpretationsmöglichkeiten um sich hat.

6.

Drittes Level. Es kommt näher.

Am 11. September 2012 wurden zwei Mitarbeiter der tschechischen Videospiel-Schmiede Bohemia Interactive festgenommen,

Ivan Buchta und Martin Pezlar. Die beiden 28 und 33 Jahre alten Männer befanden sich gerade auf einer Foto-Tour auf der griechischen Insel Limnos; die Insel liegt 22 Kilometer von der türkischen Insel Gökçeada entfernt. Den beiden Game-Designern wurde vorgeworfen, sie würden spionieren, da sie eine militärische Einrichtung fotografiert hatten. Sie waren gerade dabei gewesen, Referenzfotos für die in Entwicklung befindliche Militärsimulation „ArmA 3" zu schießen. Der Ausgangsort der Handlung ist Limnos.

Im Fall einer Verurteilung hätten den beiden Entwicklern bis zu zwanzig Jahre Gefängnis gedroht. In einem Statement wies Bohemia Intractive darauf hin, dass die beiden Jungs auf Urlaub waren und die wunderbare Landschaft auf Limnos genießen wollten: „Wir hoffen innig, dass es sich um ein unglückliches Missverständnis hinsichtlich ihrer Leidenschaften als Künstler und Schöpfer künstlicher Welten handelt." „ArmA 3" ist ein Taktik-Shooter, der in einer nahen Zukunft während einer von NATO-Streitkräften gestarteten „Operation Magnitude" spielt, die in Europa gegen vom Iran angeführte „östliche Armeen" kämpfen.

Nach vier Monaten Untersuchungshaft wurden Buchta und Pezlar nach Zahlung einer Kaution in Höhe von 5000 Euro im Januar 2013 freigelassen.

7.

Es kommt unaufhaltsam näher.

„Das überhandnehmende Maschinenwesen quält und ängstigt mich", schreibt Goethe in „Wilhelm Meisters Wanderjahre", „es wälzt sich heran wie ein Gewitter, langsam, langsam; aber es hat seine Richtung genommen, es wird kommen und treffen." ∎

Jaroslav Rudiš

Operation Prag

Das Spiel „Operation Prag" basiert auf dem Attentat von 1942 auf
Reinhard Heydrich, dem amtierenden Reichsprotektor von Böh-
men und Mähren, und setzt die Attentäter als Protagonisten des
Widerstands gegen das NS-Regime in den Mittelpunkt. Das Spiel
orientiert sich zwar an der realen Mission und seinen historischen
Abläufen, doch der genaue Tathergang, die Charaktere und ihre
Strategien können durch die Spieler beeinflusst werden.

Historischer Hintergrund

Prag, Ende Mai 1942. Es ist schön und sommerlich in Böhmen.
Doch der Schein trügt. Seit fast vier Jahren herrscht im Land ein
tiefer kalter Winter. Die Tschechoslowakei wurde 1938 von Nazi-
deutschland zerschlagen, im März 1939 wurde Prag durch die
Wehrmacht endgültig besetzt. Die Deutschen haben das Protektorat Böhmen und Mähren errichtet. In letzter Zeit hat sich die Lage
der Bevölkerung arg verschlechtert. Verfolgungen, Verhaftungen
und Hinrichtungen haben stark zugenommen. Der Terror ist bru-
taler geworden und gehört zum Alltag. Die Verantwortung trägt
ein schlanker, groß gewachsener Mann, ein fürsorglicher Famili-
envater mit Vorliebe für klassische Musik. Adolf Hitler entsendet
ihn nach Prag mit dem Auftrag, den Widerstand der Tschechen
für immer zu zerschlagen. Sein Name ist Reinhard Tristan Eugen
Heydrich. Er wird zum gehassten deutschen Protektor. Ein Mann,
der auch mit der Endlösung der Judenfrage beauftragt wird und
den Holocaust entschieden mitverantwortet. General der Polizei.
SS-Obergruppenführer. Nummer drei im NS-Regime. Auch als
„Henker von Prag" bekannt – so nennt man ihn auch in den
schmalen Gassen unter der Prager Burg, dem Hradschin.

Am 27. Mai 1942 wird auf Reinhard Heydrich ein Attentat
verübt. Auf dem Weg zur Prager Burg wird er von einem kleinen
tschechoslowakischen, aus London entsandten Kommando

überfallen und schwer verletzt. Nur wenige Tage später, am 4. Juni 1942, stirbt Heydrich an den Folgen des Attentats. Es war eine der erfolgreichsten Aktionen des Widerstands im Zweiten Weltkrieg, die den Decknamen „Operation Anthropoid" erhielt. Nie zuvor oder in Folge konnte ein solch ranghoher NS-Funktionär zu Fall gebracht werden.

Operation Prag

Unsere Geschichte setzt früher ein. Wir befinden uns weder im besetzten Prag noch im Protektorat Böhmen und Mähren, sondern in England, in einem geheimen Armeelager nördlich von London. Hier treffen unsere Helden aufeinander: drei Soldaten der ehemaligen tschechoslowakischen Armee, denen es 1938 gelungen ist, nach England zu fliehen. Sie wollen auf der Seite der Briten gegen die Nazis kämpfen. Ihre Aufgabe in dem Spiel ist es, das Attentat gegen Heydrich vorzubereiten und durchzuführen.

Protagonisten des Spiels

Jan Novák (22)

Ein bodenständiger, einfacher Mann vom Lande. Ehemaliger Boxer. Gelernter Schlosser. Es ist ein humorvoller, sympathischer und geselliger junger Mann, Frauenheld und Optimist.
Seine Stärken: Waffen, Schießen, Nahkampf. Sehr gute körperliche Konstitution. Er ist der Waffenexperte in der kleinen Truppe.
Seine Schwächen: Frauen. In Prag lebt seine Geliebte Hana. Es ist allen Männern der Mission streng verboten, den Kontakt zu ihren Familien aufzunehmen, doch die Versuchung, Hana (aber auch andere Frauen) zu treffen, ist groß. Er kann auch sehr unruhig, leichtsinnig und ungeduldig sein, rastet schnell aus und hat wenig Respekt vor Autoritäten.

Arno Grossman (26)

Arno ist ein tschechischer Jude, der aus einer wohlhabenden alten

Prager Familie stammt. Er spricht Tschechisch, Deutsch und Englisch. Arno ist der Anführer des Kommandos. Er ist ruhig und nachdenklich. Ein sehr guter Stratege. Er hat als einziger aus der Gruppe studiert, und zwar Medizin, 1938 musste er aber das Studium abbrechen und sein Land verlassen. Nach der Landung im Protektorat erfährt er, dass seine Familie von den Nazis umgebracht wurde. Sein Hass gegen die Deutschen steigert sich ins Unermessliche.

Seine Stärken: Kartografie, Sprachen, Psychologie, medizinische Kenntnisse, Ruhe, Autorität.

Seine Schwächen: Melancholie. Er ist verschlossen, fühlt sich einsam, leidet an Depression.

Hans Mohn (28)

Er ist ein Sudetendeutscher aus Liberec (Reichenberg), wo er die Elektrotechnische Realschule abgeschlossen hat. Überzeugter Sozialdemokrat. Er spricht perfekt Deutsch, aber auch Tschechisch. Es kommt hin und wieder vor, dass ihm die Widerstandskämpfer im Protektorat nicht vertrauen, ab und zu auch Jan und Arno.

Seine Stärken: Technisch sehr begabt. Radio- und Funkexperte. Hat ein Funkgerät mit dabei. Sehr geschickt, kennt sich auch mit Sprengstoffen gut aus.

Seine Schwächen: Nach der Landung bricht sich Hans den Fuß. Das macht es ihm und der ganzen Gruppe um einiges komplizierter. Und noch ein Problem hat er: Alkohol. Er ist heimlicher Trinker.

Strategie des Spiels

Das Spiel ist als Adventure-Game gedacht. Es ist dem Spieler überlassen, für welchen der drei Protagonisten er sich am Anfang entscheidet. Jede Spielfigur entwickelt ihre eigene Dynamik, besitzt einen eigenen Charakter mit Schwächen und Stärken und kann dementsprechend handeln und kommunizieren. Jeder Spieler muss im Verlauf des Spiels immer neue Entscheidungen treffen, wie er auf die einzelnen Aufgaben und Herausforderungen reagiert. Alle Wege stehen offen, aber auch viele Umwege, denn nicht alle Entscheidungen müssen immer folgerichtig sein. Doch jede Entscheidung beeinflusst den weiteren Spielverlauf und führt in eine neue Episode.

Doch es gibt einen roten Faden, ein Ziel, worauf die ganze Geschichte zusteuert. Und das ist das Attentat auf Reinhard Heydrich. Doch wie es unsere Protagonisten am 27. Mai 1942 tatsächlich verüben und was alles bis dahin passiert, das bleibt offen.

Der historische Kontext bestimmt die Atmosphäre und die grafische Ausgestaltung des Spiels. Die Stimmung im Prag jener Zeit ist bedrückend und beklemmend. Die Stadt und seine Szenerie sind zwar wunderschön, doch es schwelt Angst und Misstrauen unter der Bevölkerung, was sich auch im Verhalten der Protagonisten des Spiels widerspiegelt.

Die Episoden

Im Armee-Camp, England

Die Protagonisten Hans, Arno und Jan wurden für die „Operation Prag" ausgewählt. Sie werden von den Agenten des britischen und tschechoslowakischen Geheimdienstes gebrieft. So erfahren sie auch von Reinhard Heydrich, von ihm und seinen Taten. Ihre gefährliche Mission lautet: Dieser Verbrecher muss beseitigt werden. Ideen und Vorschläge werden gesammelt. Es gibt zahlreiche Zweifel. Den Männern ist klar, dass sie wahrscheinlich nicht zurückkommen werden. Und so erhält jeder eine Glaskapsel mit Zyankali. Sie können sich jetzt auch noch entscheiden, ob sie so ein hohes Risiko überhaupt eingehen möchten. Sie werden zu Fallschirmjägern ausgebildet und üben sich an Waffen, Sprengstoff und Funkgeräten.

Landung, Böhmen

Die Nacht im Flugzeug über dem Protektorat Böhmen und Mähren. Eine Liberator-Maschine der Royal Air Force bringt die Fall-
schirmjäger ans Ziel. Doch der Navigator an Bord hat sich geirrt.
Und so springen die Männer nicht wie geplant über Pilsen, sondern in der Nähe von Karlsbad, im tiefsten Sudetenland, ab. Nach
der Landung müssen sich die Protagonisten erst wieder zusam-
menfinden. Jan und Arno landen nah beieinander in einem Wald,
doch Hans ist nicht in Sichtweite – er hat sich bei der Landung
den Fuß verletzt. Auch bei den Materialabwürfen geht ein Teil der
Waffen und Ausrüstung verloren. Was ist jetzt zuallererst zu tun?
Waffen suchen, Hans helfen, oder beides? Hans' Verletzung
könnte die Mission gefährden. Er besteht darauf, dass sie ohne
ihn weitermachen, er würde sich allein durchschlagen, und sie
sich alle in Pilsen wieder treffen, am ausgemachten Ort. Doch wie
kommen sie jetzt schnell dorthin?

Überall sind Kontrollen. Es kommt heraus, dass Jan seinen
gefälschten Personalausweis bei der Landung verloren hat, vielleicht hat ihn schon die Polizei oder die Gestapo.

Endlich sind sie in Pilsen angekommen, auch Hans ist
wieder da. Bei einer der Kontaktadressen ist keiner zu finden. Bei
der anderen sind sie nicht willkommen. Was jetzt? Sollen sie
trotzdem in eine Wohnung eindringen und die Bewohner dazu
bringen, ihnen zu helfen? Die Angst der Menschen und das Misstrauen scheinen viel zu groß. Hans findet eine Flasche Schnaps.
Seine Sucht ist groß. Trinken? Nicht trinken? Was sagen die anderen dazu? Wäre es doch nicht besser, zu zweit weiterzumachen?
Wie kommen sie nach Prag? Mit dem Zug, mit dem Auto?

In Prag

Im Zug flirtet Jan mit einem tschechischen Mädchen. Arno redet mit einem Soldaten der Wehrmacht, sie sprechen auch über Heydrich. Arno meint, es müsse ganz entspannt sein, als Soldat im Protektorat zu dienen. Der Soldat berichtet auch von Fallschirmjägern aus England, die jetzt oft gejagt werden. Keiner hat bis jetzt überlebt. Jan hat Angst, dass der Soldat etwas wittert. Sollen sie ihn jetzt umbringen? Wenn ja, wie? Was hätte es für Folgen?

Auf dem Prager Hauptbahnhof werden sie von der Polizei durchsucht. Jan, der keine Papiere bei sich hat, schafft es knapp, der Kontrolle zu entkommen. Doch Arno wird aufgehalten. In seinem Rucksack sind zwei Pistolen und zwei Handgranaten. Die Kontrolle dauert lange. Jan und Hans warten vor dem Bahnhof. Wird Arno verhaftet? Soll er fliehen? Soll er warten? Sollen die anderen schießen und ihn befreien?

Jan braucht neue Papiere, Hans immer dringender einen Arzt, der seine Fußverletzung behandelt. Wem kann man aber in der Stadt vertrauen? Von einem Bekannten in Prag erfahren sie, dass ihre Kontaktperson verhaftet wurde. Sie sind verzweifelt. Sollen sie die Mission doch besser abbrechen? In einer Kneipe treffen sie später einen jungen Mann aus dem kommunistischen Widerstand. Er kann Jan Dokumente besorgen, aber er will nicht, dass sie Heydrich umbringen. Den Tschechen würde dann nur noch mehr Terror drohen. Er will, dass sie es ihm versprechen. Machen sie das?

Persönliche Verwicklungen

Jan ist in der Versuchung, seine Geliebte Hana, die in Prag lebt, zu treffen, obwohl das aus Sicherheitsgründen verboten ist. Auch die anderen würden gerne ihre Familien sehen. Tun sie das? Am Ende ist es Arno, der zu seiner Familie geht. Zu Hause erfährt er von der Nachbarin, dass seine ganze Familie von den Nazis umgebracht worden ist. Seine Wut wird immer größer. Arno rastet aus und will sich am nächstbesten Deutschen rächen. Jan und Hans müssen ihn beruhigen. Es kommt zu einer Auseinandersetzung zwischen Hans und Arno. Hans ist doch auch Deutscher, ein Sudetendeutscher. Arno vertraut ihm nicht. Die Männer schlagen sich.

Wie ist der Konflikt zu lösen, wie kann das Vertrauen zwischen den Männern wieder aufgebaut werden?

Jan kommt nicht allein von seinem Spaziergang zurück, an seiner Seite ist Hana. Was machen die Männer jetzt? Auch Arno findet Hana mehr als sympathisch. Eifersucht schwebt in der Luft. Hana bietet den Männern ihre Hilfe an. Und auch ihre Kontakte. Schließlich arbeitet sie in einem Restaurant, wo sich deutsche Offiziere treffen. An einem Abend gehen die Protagonisten dorthin. Hans ist sehr betrunken und greift zwei deutsche Soldaten an. Was machen Arno und Jan? Später sehen sie auch Heydrich. Sollen sie ihn schon jetzt gleich umbringen? Doch es sind viel zu viele Soldaten in seiner Nähe.

Hana kennt auch einen Arzt, der Hans helfen könnte.

Die Jagd

Das Kommando muss herausfinden, wo sich Heydrich aufhält, wie er seine Tage und Nächte zwischen seinem kleinem Schloss bei Prag und der Prager Burg verbringt. Es gibt Leute aus dem Untergrund, die ihnen helfen können, doch wem kann man vertrauen? Bei einem Treffen in einem Café werden sie verraten. Hana ist auch dabei. Was jetzt? Sollten sie den Verräter umbringen? Sollen sie mit den Gestapo-Männern kämpfen? Oder sollen sie versuchen, so schnell wie möglich zu entfliehen?

Unsere Protagonisten brauchen nicht nur einen Plan, sondern auch Waffen – doch wie kann man an neue kommen?

Die Spieler haben mittlerweile genauestens herausgefunden, wie der Arbeitstag von Heydrich verläuft. Sie müssen jetzt überlegen, wie sie das Attentat verüben könnten. Jeder hat seine eigene Idee. Doch es gibt viele Probleme und Zweifel. Jan schlägt Gift vor. Arno eine Bombe im Postpaket. Hans einen Überfall auf der Straße. Das alles können sie versuchen. Doch es ist nicht sicher, ob es klappt.

Es ist der 27. Mai 1942, Vormittag, kurz nach zehn. Der schwarze Mercedes mit Reinhard Heydrich taucht in einer Kurve auf. Eine Granate fliegt durch die Luft und es wird geschossen ...

Die Tage danach

Die Granate hat nicht nur Heydrich, sondern auch Arno am Bauch schwer verletzt. Er denkt über Selbstmord nach. Er könnte jetzt die Zyankalipille nehmen. Doch dann wird er von Jan gerettet. Jan, Hans und Hana schleppen Arno in die kleine Wohnung von Hana. Die ganze Stadt ist in Panik, Heydrich stirbt im Krankenhaus, die Deutschen sind außer sich vor Wut. Die Häuser werden durchsucht. Kopfgelder werden ausgeschrieben. Die Männer müssen sich entscheiden. Kampf? Flucht? Selbstmord? Selbstanzeige? Das eigene Leben retten und die anderen verraten?

Allen ist klar, dass sie am Ende der Tod erwartet – oder doch nicht? ■

Biographien

Shane Anderson
geboren 1982 in San Jose, Kalifornien, studierte Philosophie an der
University of California, Davis. 2007/2008 beschäftigte er sich als
DAAD-Stipendiat in Berlin im Rahmen eines Forschungsprojekts mit
Bertolt Brecht. Anderson schreibt auch selbst für die Bühne („Dogs,
Wolves, Coyotes", „Hunde, Wölfe, Kojoten") und veröffentlichte 2012
sein erstes, experimentelles Buch „Études des Gottnarrenmaschinen".
Lebt als Leiter der Buchhandlung Saint George's, Übersetzer und
freier Autor in Berlin.

Ryad Assani-Razaki
geboren 1981 in Cotonou, Benin, studierte Informatik in den USA
und Kanada. 2009 erschien seine Kurzgeschichten-Sammlung „Deux
cercles" („Zwei Kreise"), für die er im selben Jahr mit dem Trillium
Book Award ausgezeichnet wurde. Für sein Debüt „La main d'Iman"
(„Iman") erhielt er 2011 nicht nur den Robert-Cliche-Preis für franko-
kanadische Literatur, der Roman fand auch großen Widerhall im
deutschsprachigen Feuilleton. Er lebt in Toronto.

Martin Baltscheit
geboren 1965 in Düsseldorf, studierte Kommunikationsdesign an
der Essener Folkwangschule für Gestaltung und ist heute als Autor
und Illustrator vielfach ausgezeichneter Bücher, als Verfasser von
Hörspielen und Theaterstücken sowie als Sprecher tätig. Sein Debüt
als Buchautor gab er 1991 mit dem Comic „Valerius – Vom Index
bedroht", gefolgt von über vierzig weiteren Büchern, in denen sich
seine große Themen- und Formenvielfalt zeigt. Sein Werk wurde mit
zahlreichen Preisen ausgezeichnet. Baltscheit lebt mit seiner Familie
in Düsseldorf.

Thomas Böhm
studierte Allgemeine und Vergleichende Literaturwissenschaften.
Programmleiter Literaturhaus Köln (1999–2010), internationales literaturfestival berlin (seit 2011). Konzipierte und organisierte „Sagen-
haftes Island" (Frankfurter Buchmesse 2011) und „Auftritt Schweiz"
(Leipziger Buchmesse 2014). Publikationen zum Thema Lesung als

Kunstform, Geschichte der Lesung, social reading. Hörspiele, Features und Audioprojekte mit Herta Müller, Dieter Wellershoff, Georg Klein, Mark Danielewski u. a. Ausgezeichnet mit dem Deutschen Hörbuchpreis. Moderiert die Sendung „Die Literaturagenten" (radioeins).

Alessandro Cremonesi
geboren 1963 in Mailand, wo er heute noch lebt, war 1993 bis 2008 Songwriter der italienischen Rockband „La Crus". 2001 veröffentlichte er das Buch „Crocevia" („Kreuzung"). Neben Musik steuerte er auch Texte zu Projekten in anderen Medien bei, u. a. für das Theaterstück „Planetario" (2012). Zuletzt veröffentlichte Cremonesi mit Luca „Lagash" Saporiti das multimediale, von Italo Calvinos „Die Unsichtbaren Städte" inspirierte Kunstprojekt „Canzoni Invisibili" („Unsichtbare Lieder").

Ulrike Draesner
geboren 1962, studierte in Deutschland und England. Sie lebt als freie Autorin in Berlin. Ihr Werk umfasst Romane („Sieben Sprünge vom Rand der Welt", 2014), Erzählungen („Richtig liegen. Geschichten in Paaren", 2011), Gedichte („Subsong", 2014) und Essays („Heimliche Helden", 2013). Draesner erhielt zahlreiche Auszeichnungen für ihr Werk, zuletzt den Joachim-Ringelnatz-Preis (2014). Im „Literarischen Quartett der Zukunft" diskutierte sie 2013 im Rahmen des ilb über das Potenzial von Computerspielen.

Jan Drees
geboren 1979 in Haan, studierte nach einer erfolgreichen Karriere als Leichtathlet Neuere Deutsche Literaturwissenschaft und Kommunikationswissenschaft in Düsseldorf. Neben seiner journalistischen Arbeit im Rundfunk und für Zeitungen wie „Die Welt" schrieb er u. a. den Roman „Staring at the Sun" (2000), die Studie „Twitteratur. Digitale Kürzestschreibweisen" (2013) und die Erzählung „Lanzarote" (2014). Drees lebt und arbeitet in Wuppertal, Hamburg und Köln.

Gundolf S. Freyermuth
geboren 1955, ist Gründungsdirektor des Cologne Game Lab der Fachhochschule Köln und lehrt dort als Professor für „Media and Game

Studies" sowie an der internationalen filmschule köln als Associate Professor für „Comparative Media Studies". Er ist Mitherausgeber der Schriftenreihe „Bild und Bit. Studien zur digitalen Medienkultur", publizierte Romane, Sachbücher, Essays, Reportagen, Hörspiele, Radiofeatures, schrieb Drehbücher für Spiel- und Dokumentarfilme und führte Regie. Zu seinen Forschungsschwerpunkten gehören die audiovisuellen Medien, insbesondere digitale Spiele und Filme, sowie Transmedialität und Netzwerkkultur.

Assaf Gavron

geboren 1968, wuchs in Jerusalem auf. Nach dem Studium in London und Vancouver machte sich der Sohn englischer Immigranten mit einer Kolumne über Fast Food in einem Jerusalemer Magazin einen Namen. Gavron veröffentlichte zahlreiche Romane, zuletzt „The Hilltop" („Auf fremdem Land"). Darüber hinaus ist Gavron Sänger und Songwriter und war an der Konzeption des Computerspiels *Peace-Maker* beteiligt, das den Nahostkonflikt zum Thema hat. Der Autor unterrichtet Kreatives Schreiben an mehreren israelischen Hochschulen und lebt in Tel Aviv.

Mario Giordano

geboren 1963 in München, studierte Psychologie und Philosophie in Düsseldorf. Sein breites Werk als Schriftsteller umfasst neben Romanen auch Kurzgeschichten, Dreh-, Kinder- und Jugendbücher sowie Hörspiele. Ab 2011 veröffentlichte er den Weltuntergangsthriller „Apocalypsis", der in zwölf Episoden pro Staffel als „Web-Novel" erschien und dessen Geschichte nicht nur als Text, sondern auch begleitet von den Inhalt-vertiefenden Bildern, Geräuschen, Videos und Minigames entfaltet wird. Giordano ist Gastdozent an der Filmakademie Baden-Württemberg sowie seit 2007 Mentor für TV-Serien an der Akademie für Kindermedien. Giordano lebt in Köln.

Peter Glaser

geboren 1957 in Graz. Gemeinsam mit Niklas Stiller verfasste er 1983 sein erstes Buch „Der große Hirnriß", ein literarisches Streitgespräch der idealistischen Alt-1968er und der zynischen 1980er. Zur

Digitalisierung der Gesellschaft schrieb das Ehrenmitglied des Chaos Computer Clubs Beiträge für zahlreiche Zeitschriften und ab 2006 auch für Blogs. 2002 erhielt Glaser den Ingeborg-Bachmann-Preis für seine Erzählungen „Geschichte von Nichts" (2003). Er lebt in Berlin.

Alban Nikolai Herbst
geboren 1955 als Alexander v. Ribbentrop. Seit 1981 veröffentlicht er fantastische Romane wie „Wolpertinger oder Das Blau" (1993) und seine „Anderswelt"-Trilogie: „Thetis. Anderswelt" (1998), „Buenos Aires. Anderswelt" (2001) und „Argo. Anderswelt" (2013), die seinem Blog zufolge nur unterbewusst Analogien zu Elementen von Computerspielen aufweist. Herbst wurde u. a. mit dem Grimmelshausen-Preis und dem Phantastik-Preis der Stadt Wetzlar ausgezeichnet. Er lebt und arbeitet in Berlin.

Christian Huberts
geboren 1982, studierte Kulturwissenschaften in Hildesheim. Auf Basis seiner Diplomarbeit veröffentlichte er 2010 „Raumtemperatur. Marshall McLuhans Kategorien ‚heiß' und ‚kalt' im Computerspiel". Mit Fragen der Ästhetik und Atmosphären virtueller Welten beschäftigt sich Huberts nicht nur in dem Sammelband „Zwischen|Welten. Atmosphären im Computerspiel" (2014), sondern auch in Vorträgen und seinen Essays für das Gamekultur-Bookazine „WASD". Er lebt in Berlin.

Wladimir Kaminer
geboren 1967 in Moskau. Nach einer Ausbildung zum Toningenieur für Theater und Rundfunk studierte er Dramaturgie am Moskauer Theaterinstitut. 1990 wanderte er nach Ost-Berlin, in die gerade noch bestehende DDR, aus. Seine erste Erzählsammlung „Russendisko" (2000) trägt den Titel einer von Kaminer und seinem Mitstreiter Yuriy Gurzhy im Jahr 2000 improvisierten Tanzveranstaltung im Berliner Kaffee Burger, die inzwischen legendär geworden ist und bis heute regelmäßig stattfindet. Zuletzt veröffentlichte Kaminer „Coole Eltern leben länger" (2014).

Georg Klein

geboren 1953, studierte Germanistik, Geschichte und Soziologie. Nicht nur sein Debütroman „Libidissi" (1998), sondern auch folgende Werke wie „Barbar Rosa. Eine Detektivgeschichte" (2001) und zuletzt „Die Zukunft des Mars" (2013) ernteten begeisterte Kritiken. Für seine Erzählungen erhielt Klein u. a. den Ingeborg-Bachmann-Preis. In seinen Feuilleton-Artikeln, die gesammelt im Band „Schund & Segen" (2013) erschienen, beschäftigt er sich auch mit Computerspielen.

Carlos Labbé

geboren 1977 in Santiago de Chile, studierte spanische und lateinamerikanische Literatur. 2001 wurde seine Hypertext-Erzählung „Pentagonal: incluidos tú y yo" („Fünfeck: mit dir und mir") online gestellt, deren Handlung der Leser, ausgehend von einem Zeitungsartikel, durch das Anklicken hervorgehobener Begriffe und die damit verbundenen Sprünge durch ein verzweigtes Netzwerk selbst (re-)konstruieren muss. Neben einer Sammlung von Kurzgeschichten („Caracteres blancos", 2010; „Leerstellen") veröffentlichte Labbé in den folgenden Jahren zahlreiche Romane. Darüber hinaus ist er auch als Drehbuchautor und Popmusiker aktiv.

Andri Snær Magnason

geboren 1973 in Reykjavík, studierte Isländische Literatur. Magnason veröffentlicht Lyrik, Kinder- und Sachbücher sowie Romane. Er engagiert sich im Umweltschutz, protestierte beispielsweise zusammen mit den Entwicklern des Computerpiels „EVE Online" gegen die Zerstörung der isländischen Wildnis durch die Aluminiumindustrie. Seine Protesterfahrungen verarbeitete Magnason in dem Sachbuch „Draumalandið" („Traumland. Was bleibt, wenn alles verkauft ist"). Magnason lebt in Reykjavík.

Céline Minard

geboren 1969 im französischen Rouen. Nach dem Studium der Philosophie arbeitete sie zunächst als Buchhändlerin, bevor sie sich ganz der Schriftstellerei verschrieb. Minard debütierte 2004 mit dem von der Kritik hochgelobten Roman „R.". 2011 erhielt sie zusammen mit dem deutschen Autor Thomas Melle für ihren Roman „So Long, Luise" den deutsch-französischen Franz-Hessel-Preis. Der jüngste Roman der Autorin, „Faillir être flingué" („Mit heiler Haut"), gewann 2013 die französischen Literaturpreise Prix Virilo und Prix du Style. Céline Minard lebt in Paris.

Paul Murray
geboren 1975, studierte Englische Literatur und Creative Writing an der University of East Anglia. Danach arbeitete er als Buchhändler. Er lebt in Dublin. Sein erster Roman „An Evening of Long Goodbyes" (2003) stand auf der Shortlist des renommierten Whitbread Prize, das nachfolgende Buch „Skippy dies"(2010) („Skippy stirbt") wurde für den Booker Prize nominiert und festigte Murrays Ruf als einen der wichtigsten irischen Autoren seiner Generation.

Patrick Rau
geboren 1976. Sein 2008 gegründetes Unternehmen „kunst-stoff" erstellt nicht nur interaktive Installationen für Ausstellungen, sondern entwickelt auch Spiele für PC, Mac, Konsolen und Mobilgeräte, aktuell verstärkt in den Bereichen Transmedia und Serious Games (u. a. mit mehreren Hochschulen in München). Hierzu zählen die Titel „Galaxy Racers" (2010) und „The Great Jitters: Pudding Panic" (2011), die beide einen Deutschen Entwicklerpreis erhielten. Rau lebt in Berlin.

Monika Rinck
geboren 1969 in Zweibrücken, studierte in Deutschland sowie in den USA. Die Experimentierfreude und der sprachliche Witz ihrer Poesie finden sich nicht nur in Texten wie den Gedichtbänden „Verzückte Distanzen" (2004) und „Honigprotokolle" (2012), sondern auch in performativen Beiträgen zu der seit 2008 regelmäßig veranstalteten „Rotten Kinck Schow" sowie in Liedtexten für verschiedene Komponisten. Monika Rinck, die u. a. 2013 den Peter-Huchel-Preis erhielt, lebt in Berlin.

Jaroslav Rudiš
geboren 1972 im böhmischen Turnov, studierte Germanistik und

Geschichte in Liberec, Prag und Zürich, arbeitete kurzzeitig als
Deutschlehrer, bis er durch ein Journalistenstipendium nach Berlin
kam. Seinen ersten Roman „Nebe pod Berlínem" („Der Himmel unter
Berlin") veröffentlichte er 2002. Zuletzt erschien auf Deutsch sein
Roman „Vom Ende des Punks in Helsinki". Gemeinsam mit Jaromír
Svejdík ist er Schöpfer der Comic-Figur Alois Nebel, deren düstere
wie auch bierselige Erlebnisse im Dienste der tschechischen Eisen-
bahn in einem 2012 mit dem Europäischen Filmpreis ausgezeichneten
Animationsfilm verarbeitet wurden. 2012/13 hatte er die Siegfried-
Unseld-Gastprofessur an der Humboldt-Universität zu Berlin inne. Er
lebt zwischen Tschechien und Deutschland.

Aboud Saeed
geboren 1983 in Syrien, wuchs in Manbidsch, einer an der türkischen
Grenze und in der Nähe von Aleppo gelegenen Kleinstadt, auf. Obwohl
Saeed bereits seit 2009 ein Profil bei Facebook besaß, spielte dieses
soziale Netzwerk erst nach dem Ausbruch des Krieges in Syrien eine
größere Rolle in seinem Leben. Seine täglichen Statusmeldungen,
in denen er Privates und Revolutionäres, kluge Gedanken und anar-
chistische Gemeinheiten sowie Alltägliches und Absurdes vermischte,
sodass sich darin der Ausnahmezustand seines gespaltenen Landes
spiegelte, fanden nach und nach eine immer größere Anzahl von Fol-
lowern. Eine Auswahl seiner Statusmeldungen wurde 2013 unter dem
Titel „Der klügste Mensch im Facebook" veröffentlicht. Saeeds Texte
bildeten auch die Grundlage für Hörspiele im Südwestrundfunk und
im Deutschlandradio.

Luca „Lagash" Saporiti
geboren 1964 in Padua, Italien, studierte Politik an der Universität
Mailand. Nach einem mehrjährigen Aufenthalt in London, den er
nutzte, um musikalische und performative Erfahrungen zu sammeln,
war Saporiti als Bassgitarrist an zahlreichen Einspielungen und Auftritten italienischer Musikgruppen beteiligt. Seit 2007 gehört er der
Alternative-Rock-Band „Marlene Kuntz" an. Gemeinsam mit dem Autor
Alessandro Cremonesi veröffentlichte Saporiti 2013 in Kooperation mit dem Internationalen Literaturfestival Rom das multimediale

Kunstprojekt „Canzoni Invisibili" („Unsichtbare Lieder"), inspiriert von zehn Romanen des italienischen Schriftstellers Italo Calvino. Saporiti lebt und arbeitet in Mailand und Berlin.

Saša Stanišić
geboren 1978 im jugoslawischen Visegrad, lebt seit 1992 in Deutschland. Freier Autor, Journalist, Kolumnist. Romane: „Wie der Soldat das Grammofon repariert"(2006) und „Vor dem Fest" (2014).

Christian Schiffer
geboren 1979, arbeitet als Journalist sowie Moderator für das Jugendmagazin „Zündfunk" des Bayerischen Rundfunks und für das Deutschlandradio. Seine Beiträge wurden 2012 mit dem Kurt-Magnus-Preis geehrt. Seit 2012 ist Christian Schiffer Herausgeber des halbjährlich erscheinenden Bookazines „WASD", das sich essayistisch mit der Kultur von und um Games beschäftigt. Im „Literarischen Quartett der Zukunft" diskutierte er 2013 über das Potenzial von Computerspielen.

Grit Schuster
freie Interaction Designerin, Softwareentwicklerin und Videokünstlerin in Berlin, ist seit 2004 in die Entwicklung von Computerspielen und Kindersoftware involviert und gestaltet Videoinhalte und Interaktionstechniken in Theaterproduktionen. Sie arbeitete als Programmiererin an den iOS-Titeln „Schlaf gut" und „Kleiner Fuchs Kinderlieder", als Gamedesignerin und Artdirectorin an „The Great Jitters: Pudding Panic" und wirkte in den Theaterstücken „Black Tie" und „Qualitätskontrolle" mit.

Sebastian23
geboren als Sebastian Rabsahl 1979 in Duisburg, studierte Philosophie. Unter seinem Künstlernamen trat er ab 2003 nicht nur bei Poetry Slams und im Fernsehen auf, sondern veröffentlichte zudem mehrere seiner Programme auf CD, u. a. als Mitglied der literarisch-performativen Boygroup „Smaat". Auch in seinen Büchern wie „Schwerkraft und Leichtsinn" (2011) und „Theorie und Taxis" (2014) widmet er sich mit sprachlichem Witz den Absurditäten unseres Alltags.

Weiterführende Literatur |

Marios C. Angelides/Harry Agius (Hg.):

Handbook of Digital Games, Hoboken 2014

Benjamin Beil:

Game Studies. Eine Einführung, Berlin u. a. 2013

Ders./Gundolf S. Freyermuth/Lisa Gotto (Hg.):

New Game Plus. Perspektiven der Game Studies.

Genres – Künste – Diskurse, Bielefeld, erscheint im Oktober 2014

Benjamin Bigl/Sebastian Stoppe:

Playing with Virtuality. Theories and Methods of Computer Games Studies,

Frankfurt am Main u. a. 2013

Tom Bissell:

Extra Lives. Why Video Games Matter, New York 2010

Ian Bogost:

Persuasive Games. The Expressive Power of Videogames,

Cambridge/London 2007

Tom Chatfield:

Fun Inc. Why Play is the 21st Century's Most Serious Business,

London 2010

Diego Compagna:

Soziologische Perspektiven auf Digitale Spiele. Virtuelle

Handlungsräume und neue Formen sozialer Wirklichkeit,

Konstanz 2013

Jan Distelmeyer/Christine Hanke/Dieter Mersch (Hg.):

Game over!?: Perspektiven des Computerspiels,

Bielefeld 2008

Simon Egenfeldt-Nielsen u. a.:

Understanding Video Games: The Essential Introduction, New York 2008

Nino Ferrin:

Selbstkultur und mediale Körper. Zur Pädagogik und Anthropologie neuer Medienpraxen, Bielefeld 2013

Gundolf S. Freyermuth/Lisa Gotto/Fabian Wallenfels (Hg.):

Serious Games, Exergames, Exerlearning. Zur Transmedialisierung und Gamification des Wissenstransfers, Bd. 2 der Schriftenreihe Bild und Bit, Bielefeld 2013

Johannes Fromme/Alexander Unger (Hg.):

Computer Games and New Media Cultures. A Handbook of Digital Games Studies, Dordrecht u. a. 2012

Tracy Fullerton u. a.:

Game Design Workshop. Designing, Prototyping and Playtesting Games, San Francisco 2004

Alexander R. Galloway:

Gaming. Essays on Algorithmic Culture, Minneapolis/London 2006

Gamescoop:

Theorien des Computerspiels. Zur Einführung, Hamburg 2012

Christian Huberts:

Raumtemperatur. Marshall McLuhans Kategorien „heiß" und „kalt" im Computerspiel, Göttingen 2010

Ders. (Hg.):

Welt|Kriegs|Shooter. Computerspiele als realistische Erinnerungsmedien?, Boizenburg/Elbe 2012

Ders. (Hg.):

Zwischen|Welten. Atmosphären im Computerspiel, Glückstadt 2014

Jane McGonigal:

Besser als die Wirklichkeit! Warum wir von Computerspielen profitieren und wie sie die Welt verändern, München 2011

Jonathan Harth:

Computergesteuerte Spielpartner. Formen der Medienpraxis zwischen Trivialität und Personalität, Wiesbaden 2014

Rudolf Thomas Inderst/Peter Just (Hg.):

Build 'em Up - Shoot 'em Down. Körperlichkeit in digitalen Spielen, Glückstadt 2013

Solveigh Jäger:

Erfolgreiches Charakterdesign für Computer- und Videospiele. Ein medienpsychologischer Ansatz, Wiesbaden 2013

Jesper Juul:

Die Kunst des Scheiterns. Warum wir Videogames lieben, obwohl wir immer verlieren, Wiesbaden 2014

Jochen Koubek/Michael Mosel/Stefan Werning (Hg.):

Spielkulturen. Funktionen und Bedeutungen des Phänomens Spiel in der Gegenwartskultur und im Alltagsdiskurs, Boizenburg/Elbe 2013

Michael Kunczik:

Gewalt - Medien - Sucht. Computerspiele, München u. a. 2013

Frans Mäyrä:

An Introduction to Game Studies, London 2008

Wark McKenzie:

Gamer Theory, Cambridge 2007

Peter Moormann (Hg.):

Music and Game. Perspectives on a Popular Alliance, Wiesbaden 2013

Michael Mosel:

Deranged Minds. Subjektivierung der Erzählperspektive im Computerspiel, Boizenburg/Elbe 2011

Claus Pias:

Computer Spiel Welten, München 2002

Daniel Pietschmann:

Das Erleben virtueller Welten. Involvierung, Immersion und Engagement in Computerspielen, Boizenburg/Elbe 2009

Andreas Rosenfelder:

Digitale Paradiese. Von der schrecklichen Schönheit der Computerspiele, Köln 2008

Katie Salen/Eric Zimmerman:

The Game Design Reader. A Rules of Play Anthology, Cambridge 2006

Dies.:

Rules of Play. Game Design Fundamentals, Cambridge 2003

Jesse Schell:

The Art of Game Design. A Book of Lenses, Amsterdam/Boston 2008

Christina Schumann:

Der Publikumserfolg von Computerspielen. Qualität als Erklärung für Selektion und Spielerleben, Baden-Baden 2012

Lee Shaldon:

Character Development and Storytelling for Games, Boston 2013

Nora S. Stampfl:

Die verspielte Gesellschaft. Gamification oder das Leben im Zeitalter des Computerspiels, Heidelberg 2012

Benjamin Sterbenz:

Genres in Computerspielen - eine Annäherung, Boizenburg/Elbe 2011

Caja Thimm (Hg.):

Das Spiel. Muster und Metapher der Mediengesellschaft, Wiesbaden 2010

Aldo Tolino:

Gaming 2.0 - Computerspiele und Kulturproduktion. Analyse der Partizipation von Computerspielern an einer konvergenten Medienkultur und Taxonomie von ludischen Artefakten, Boizenburg/Elbe 2010

Thorsten Wahner:

Moral im Spiel? Werte-Transfers von der Realität in die Welt der Videospiele, Marburg 2012

Jeffrey Wimmer:

Massenphänomen Computerspiele. Soziale, kulturelle und wirtschaftliche Aspekte, Konstanz 2013

Kirsten Zierold:

Computerspielanalyse. Perspektivenstrukturen, Handlungsspielräume, moralische Implikationen, Trier 2011

Georg Klein/ Wilko de Vries

Slum Godumbu ■

Prolog

Es war an der Zeit: Wir hatten uns entschieden, leibhaftig nach Lagos zu reisen. Dort, an seinem Ursprung, wollten wir mehr über *Slum Godumbu,* über das Spiel, das Lucy und mich zusammengebracht hatte, herausbekommen. Heutzutage, wo man seinen kostbaren Körper nur ungern den Gehäusen mechanischer Fahrzeuge anvertraut, wo von der Arktis bis an den Südpol jedes Fleckchen Erde simulativ erlitten und nach Belieben transsimulativ optimiert werden kann, bestiegen Lucy und ich einen Veteranen der groben Mobilität, ein über fünfzig Jahre altes Großraumflugzeug. Ebony Airlines nennt sich die Gesellschaft, deren Linienmaschinen immerhin noch zweimal pro Woche Richtung Westafrika abheben.

Der Passagierraum wurde nicht einmal halb voll. Und wir beide waren gewiss die einzigen an Bord, in deren Inneren der Bodyscan weder ein künstliches Gelenk noch ein Second-Try-Organ geortet hatte. Durchweg alte Leutchen klemmten ihre bestimmt vielfach nachgebesserten Rümpfe und Glieder in die unbequem eng gestaffelten Sitzreihen. Unser Jungsein machte uns verlegen. Noch entstammte nahezu alles an uns der selbsttätigen Realisation des uns angeborenen Bauplans. Mit einer kleinen Ausnahme: Das ihrer Meinung nach arg unscheinbar gewesene Blaugrau ihrer Iris hatte meine Kollegin Lucy während ihres Studiums auf die damals und bis heute sanfteste Weise, also intraregulativ, in ein smaragden changierendes Blaugrün umschlagen lassen.

Dass Lucy und ich über *Slum Godumbu* forschen dürfen, haben wir dem großen Ereignis unserer Kindheit, dem Zweiten Globalen Datenbrand, zu verdanken. Ohne dessen Verheerungen, die das erste weltweite Netzfeuer, das dereinst Eifer und Ungeschick der nordamerikanischen Sicherheitsbehörden verursacht hatten, noch einmal exzessiv übertrafen, würde das Videospiel *Slum Godumbu* zweifellos kein Geheimnis darstellen. Alles wäre restlos archiviert, kritisch durchgespielt und aus jeder nur denkbaren theoretischen Perspektive aufgearbeitet. Für junge ehrgeizige und erkenntnislustige Spielhistoriker, für Lucy Guthman und mich, gäbe es so gut wie nichts mehr zu erkunden. Unser Glück entstammt dem Unglück: Den beiden bislang größten digitalen Desastern ist es geschuldet, dass *Slum Godumbu,* das angeblich ultimative Spiel der Bildschirm-Ära, kaum mehr als ein klammes Gerücht war, als wir, noch unabhängig voneinander, damit begannen, nach Hinweisen, nach Zeugnissen, nach erhalten gebliebenen Fragmenten zu suchen.

Das Aufbrüllen der archaischen Triebwerke, das Rütteln des Fahrwerks auf der holprigen Betonbahn des Historical Airport Frankfurt on Main, die Wucht der Beschleunigung, der ganze Start war ein Erlebnis. Ich bekam körperechte Angst und griff nach Lucys Hand. Meiner lieben Kollegin erging es ähnlich. Und während wir unsere Finger pressten, dachten wir vielleicht beide daran, wie wir uns vor einem Jahr im Wissenschaftsforum Potsdam, auf dem Kongress „The Screen Century", nach Lucys erfrischend spekulativem Referat über „The Crisis and Climax of African Game Culture" kennengelernt hatten. Wohlweislich hatte ich mich damals, an der lahmen, die üblichen Stereotype abklappernden Diskussion, in die ihr Vortrag mündete, nicht beteiligt. Zuletzt ging es noch eine halbe Ewigkeit um die leidige Gewalt, um deren virtuelle Serialität, um die notorisch umstrittene spielerische Einübung von Mord und Totschlag. Ich wartete lieber ab, bis Lucy das Podium verließ. Ich hatte dieser denklustigen jungen Frau mehr als die festgefahrenen kulturgeschichtlichen Spurrillen zu bieten.

Ich hatte Papier. Im Safe meines Hotelzimmers verwahrte ich eine quadratische Broschüre, ein 16-seitiges Art Booklet. Es ist gänzlich textlos, sogar auf einen Titel hatten seine Herausgeber dereinst verzichtet. Aber jede der fünfzehn comicartigen Schwarzweißzeichnungen, gedruckt auf ausgesucht grobfaserigem, gelbstichigem Papier, enthält topographische und figürliche

Hinweise darauf, dass das primitiv schmucke Heftchen einer Special Edition von *Slum Godumbu* beigelegen haben muss. Spätestens das doppelseitige Mittelbild bezauberte Lucy Guthman, als sie es, auf meinem Potsdamer Hotelbett sitzend, aufblätterte, vollends durch den Liebreiz zweidimensionaler Wirklichkeit. Ja, wir Jüngeren sind auf dem Sprung, uns die Chancen struktureller Beschränkung, die Glücksmomente des Weniger, zurückzuerobern: Wir, die neuen Spielhistoriker, ertasten die Ränder der blinden Flecken, die der Schwachsinn der Simulation in unsere Wahrnehmung gebrannt hat.

Damals wäre wahrscheinlich keiner der an der Konferenz teilnehmenden Kunstgeschichtler in der Lage gewesen, etwas Wesentliches zur afrikanischen Graphik des frühen 21. Jahrhunderts und zu der eng mit ihr verbundenen Graffiti-Kunst der Slums von Lagos vorzutragen. Das Innenbild des Booklets zeugte von beidem. Auf den Wand- und Dachflächen der mehr oder weniger provisorischen Gebäude traten weitere Fassaden, Gassen und Straßen in Erscheinung, mit einer zeichnerischen Raffinesse, die dem Auge sogleich pulsierende Bewegung suggerierte: Diese behelfsmäßige Architektur wusste sich auf einmalige Weise gegen die scheinbar beklemmende Raumnot zu helfen. Dieses Panorama wuchs, und sein Wachstum machte zugleich verschwinden. Diese Baukunst verzehrte sich selbst. Und das Auge kam gar nicht umhin, diesen schöpferischen Kannibalismus zu genießen.

Wir erreichten Lagos bei Anbruch der Nacht. Wie vereinbart holte uns Professor Lulumbele ab. Wir hatten mit einem Schwarzafrikaner gerechnet, aber auch ein lichtgegerbter Weißer, den es vor Jahrzehnten nach Lagos verschlagen hatte, wäre keine Überraschung gewesen. Während wir dem zierlichen alten Herrn zu seinem Wagen folgten, tauschten Lucy und ich fragende Blicke. Und als uns Lulumbele dann im Gästehaus der International

Agency for Free Slum Observation wieder allein ließ, versuchten wir uns einen Reim auf sein Gesicht und seine Mimik und auf sein eigentümliches Idiom zu machen.

Es lag keine vier Wochen zurück, dass Lucy den Kontakt gemäß den globalen akademischen Gepflogenheiten mit einem Video-Brief hergestellt hatte. Professor Lulumbele hatte noch am selben Tag geantwortet. Aber zu unserer Überraschung bloß mit einer Audio-Datei, auf der eine geschlechtsneutral konfigurierte Stimme eine altmodisch fehlerhafte Übersetzung seiner Worte ins Deutsche wiedergab. Die Originalbotschaft war, dies wurde in einem letzten der Grußformel folgenden Satz mitgeteilt, in Sengdenge eingesprochen worden.

Lucy und ich hätten dieses Slum-Englisch problemlos verstanden. Denn wir hatten es uns bereits als allererste Reisevorbereitung mit nicht geringem Vergnügen angeeignet. Mir ist keine zweite Sprache bekannt, die dem Lernenden derart verführerisch entgegenkommt. Sengdenge unterläuft jede ängstliche Scheu, lockert alle krampfenden Widerstände. Dass außer den erwartbaren Namen auch wesentliche Abstrakta nicht dem amerikanischen oder alteuropäischen Englisch, sondern der Vielfalt der lebenden und untergegangenen afrikanischen Sprachen entstammen, mindert diese Zugänglichkeit kaum. Mit naiv unschuldigem Geschick scheint Sendenge jeden dem Fremden unbekannten Begriff syntaktisch zu umfangen und ins fühlbar Verständliche hinüberzuziehen: Sendenge loves ya because Sendenge speaking shouting singing Godumbu heaven!

Auf der Fahrt vom Flughafen an den Rand von Free Umba, dem größten Slumdistrikt, hatte Professor Lulumbele ein makelloses, fast einschüchternd elegantes, mit raren Vokabeln prunkendes, allerdings wild in der Tonhöhe schwankendes Englisch gesprochen. Offenbar um uns eine Freude zu machen, baute er ab und zu ein deutsches Wort ein. „Everything will be to your personal Gemütlichkeit!", meinte er, als er sein vorsintflutliches, unüberhörbar von einem Verbrennungsmotor angetriebenes Vehikel vor dem Gästehaus zum Stillstand brachte. In den letzten Silben des deutschen Wortes kiekste seine Stimme mädchenhaft

Slum Godumbu

nach oben, ein kleiner Lachanfall schüttelte ihn, seine Lider flatterten über den nun vollends asiatisch wirkenden Augen. Wir hatten ihn beide, gleich mit dem ersten Anschauen, für den Sohn einer afrikanischen Mutter und eines chinesischen Vaters gehalten. Aber die enorme Variabilität seiner Mimik und unser Wissen um die ungeheure genetische Vielfalt der hiesigen Stämme ließen uns, als wir, allein im Gästehaus, bei einem Glas Wein darüber sprachen, schnell wieder an dieser unwillkürlichen Zuordnung zweifeln.

In den verbleibenden Nachtstunden lagen wir mit geschlossenen Augen wach. Vogelschreie, Insektenlärmen und ein merkwürdig melodiöses, fast chorisch harmonisches Hundebellen erinnerten uns an das einzige Video-Zeugnis, das sich auf das Spiel *Slum Godumbu* bezieht. Es handelt sich um einen Musikclip, der vermutlich zu Werbezwecken für den damaligen afrikanischen Markt produziert wurde. Eine zehn Köpfe starke Band, die männliche Rock-Standardbesetzung des vorigen Jahrhunderts, zwei Gitarren, Bass, Schlagzeug und Sänger, und fünf Afrikanerinnen an zweimal Trompete, zweimal Saxophon und Tuba covern einen nigerianischen Klassiker, ein um die Jahrtausendwende auch in unseren Breiten bekannt gewordenes Liebeslied. Nach dem zweiten Erklingen des Refrains jedoch verstummen alle Instrumente, und die zehn Musiker rufen dreimal: Slum Godumbu coming! Best game ya ever played! Soon ya man woman child angellove Godumbu heaven! Um dann in trügerisch freiem Scat-Gesang über den in diesem Satzgebilde verwendeten Silben zu improvisieren.

Die in Sachen Recherche unermüdliche Lucy hatte das Video im Ramsch eines Netztrödlers entdeckt und als kostbarste Mitgift in unseren Forscherbund eingebracht. Gemeinsam konnten wir ermitteln, dass es offenbar als simpler Direktmitschnitt bei einem Konzert der Band entstanden war. Und als, mit empirischer Geduld und ein wenig Goldsucherglück, auch der Aufzeichnungsort bestimmt war, hatte Lucy Kontakt mit Professor Lulumbele aufgenommen. Denn Lulumbele weilte an Ort und Stelle. Das Video war unter freiem blauem Himmel auf einem großen Markt in Lagos, auf dem zentralen Electronic- und Medienmarkt des Slums Free Umba, auf einen der damals handelsüblichen Chips gespeichert worden. Dorthin sollte es unter Führung von Professor Lulumbele schon an unserem ersten nigerianischen Vormittag gehen.

See ya! See ya verybadly soon! All guide all me need change to be betterbetterbest recognized! Godumbu bless ya! Bless ya personal slum godumbu future! Mit diesen Worten, erstmals ins heimische Sengdenge fallend und dazu großartig afrikanisch-asiatisch grimassierend, hatte sich Lulumbele von uns verabschiedet. Seine Vorfreude, seine Begeisterung war mehr als ansteckend gewesen. Und schlaflos das Morgengrauen erwartend, fühlten Lucy und ich uns auf eine euphorisch blind voraushüpfende Weise bereits im womöglich besten Spiel der Screen-Ära, zumindest im Intro von *Slum Godumbu* angekommen.

Erste Prüfung

(...)

Die in diesem Band versammelten Texte entstanden für das Projekt „New Level –
Computerspiele und Literatur", das das internationale literaturfestival berlin
(Direktor: Ulrich Schreiber) im Rahmen des Wissenschaftsjahres 2014
„Die digitale Gesellschaft" durchführte.

Die teilnehmenden AutorInnen stellten ihre Spielentwürfe auf der größten Computer-
spielemesse Europas, der gamescom in Köln und beim ilb 2014 vor und diskutierten
sie mit WissenschaftlerInnen und ExpertInnen aus dem Bereich der Computerspiele.

Die Bandbreite und Expertise des Programms wurde gewährleistet durch die Ver-
anstaltungspartner des Projekts: Bundesverband der interaktiven Unterhaltungssoftware
(BIU), Computerspielemuseum Berlin, Medienboard Berlin-Brandenburg, Games
Academy Berlin, Cologne Games Lab, Junges Literaturhaus Köln, Literaturhaus Köln,
Bastei Lübbe Academy und der Stiftung Digitale Spielekultur, mit der das ilb im
Jahre 2013 das Projekt „Computerspiele – Die Romane der Zukunft!?" konzipierte und
dabei neue Formen der Präsentation und Diskussion von Computerspielen wie die
„Spielung" und „Das literarische Quartett der Computerspiele" entwickelte.

Dank an Peter Tscherne, Benjamin Rostalski, Silja Rheingans, Milena Adam und Leonie
Alpheus für redaktionelle Arbeit und Beratung, an die Zentral- und Landesbibliothek
Berlin für die Erstellung der Literaturliste und an Burkard Miltenberger für das Lektorat.

14. internationales literaturfestival berlin
10.–21.09.14

ISBN 978-3-8493-0360-0
1. Auflage 2014
© WALDE+GRAF bei METROLIT
Metrolit Verlag GmbH & Co. KG, Berlin

Gestaltung, Konzeption und Satz:
Bon Bon Büro, Berlin | www.bonbonbuero.de
Druck und Bindung:
CPI books GmbH, Ebner & Spiegel Ulm

www.metrolit.de